AF549968

MILO PROBST, geboren 1991 in Basel, ist Historiker und Aktivist und arbeitet zurzeit an der Universität Basel an einer Dissertation über die Umweltkritik im Anarchismus des ausgehenden 19. und anbrechenden 20. Jahrhunderts. Er interessiert sich für die Schnittstellen zwischen Forschung und Aktivismus und ist in der Klimagerechtigkeitsbewegung aktiv.

MILO PROBST

FÜR EINEN UMWELTSCHUTZ DER 99 %

EINE HISTORISCHE SPURENSUCHE

EDITION NAUTILUS

Edition Nautilus GmbH
Schützenstraße 49 a
D - 22761 Hamburg
www.edition-nautilus.de

Deutsche Erstausgabe September 2021

Umschlaggestaltung:
Maja Bechert, Hamburg
www.majabechert.de

Porträt des Autors auf Seite 2:
© Pierre Kappler

Druck und Bindung:
CPI – Clausen & Bosse, Leck
1. Auflage
ISBN 978-3-96054-266-7

Inhalt

Wir kommen nicht von nirgendwo,
um die Welt zu retten.

Assa Traoré, 2017

Vorwort. Bisswunde im Orchideenhügel

Wer über die Hauptstraße von Osten her ins waadtländische Dorf Eclépens einfährt, wird von den grauen Gebäuden und Förderbändern eines Zementwerks in Empfang genommen. Die Silos gleichen Wachtürmen, die den Mormont-Hügel in ihrem Rücken wie eine Beute behüten. Von hier aus ist nur schwer zu erahnen, was sich hinter dieser Fabrik abspielt. Die riesige Aufschrift »Ihr regionaler Partner für nachhaltiges Bauen«, die die Blicke unwillkürlich auf sich zieht, soll die Neugier stillen. Um mehr zu verstehen, müssen wir uns diesem Zementwerk von der anderen Seite des Hügels nähern. Dies ist nicht nur ein geografischer Positionswechsel. Indem wir den Mormont-Hügel umrunden und von der uns abgewandten Westseite hochsteigen, unternehmen wir auch eine Reise in andere Zeiten. Wir können abschätzen, wie dieser Hügel aussah, bevor er eine Beute des Bauhungers wurde. Wir begreifen, dass der gesamte Hügel aufgefressen werden könnte, wenn die Gier des Zementunternehmens nicht gestoppt wird. Und wir erahnen, wie dieser Hügel – und vielleicht andere Stücke dieser Erde – künftig auch noch belebt werden könnten.

Vom Dorf La Sallaz auf der Westseite des Hügels führt ein Weg auf die Anhöhe. Hinter uns liegen die schneebedeckten Flanken der Jurakette. Nach einigen hundert Metern stellt sich uns ein Bogen der ganz besonderen Art in den Weg. Zwei aus Paletten und anderem Restholz gebaute Türme sind mit einer hölzernen Brücke verbunden. Darunter versperrt ein Tor den Durchgang. Ein weißes Transparent mit farbiger Bemalung nennt uns den Ort, den wir sogleich betreten werden: ZAD de la Colline. Wir sind in der ersten *Zone à défendre* der Schweiz.

Solche Schutzzonen, eine Form des ökologischen Widerstandes, sind zuerst in Frankreich entstanden. Die wohl berühmteste ZAD, jene von Notre-Dame-des-Landes, wurde 2018 geräumt, nachdem die Aktivist*innen nach einem langjährigen

Widerstand und dank einer Allianz mit Anwohner*innen, Landwirt*innen und Gewerkschafter*innen ein Flughafenprojekt verhindern konnten. Mit der seit Oktober 2020 bestehenden ZAD auf dem Mormont-Hügel wehren sich die Umweltschützer*innen gegen den Ausbau eines Steinbruchs durch ein Zementunternehmen. Ein artenreiches Ökosystem ist dadurch bedroht. Ihr Kampf hat aber auch eine globale Dimension, denn die Zementproduktion ist für 8% der globalen Treibhausgasemissionen verantwortlich. Nur wenig verdeutlicht die kapitalistische Lebensfeindlichkeit besser als die Flächenversiegelung durch Einkaufszentren und Autobahnen oder das Zumauern von Grenzen.

Nachdem uns das Tor geöffnet wurde und wir hindurchschreiten, fällt mir der Stacheldrahtkringel auf, der an der gesamten oberen Seite des Bogens befestigt ist. Hier aber markiert dieser Draht weder Privateigentum noch eine Landesgrenze. Beim Durchschreiten des Tors betreten wir vielmehr das Jenseits einer Welt des Eigentums.

Die Zweckentfremdung des Stacheldrahtes ist eine, die uns auf dem Gelände der ZAD immer wieder begegnen wird. Wir betreten eine Welt, in der Holzpaletten Barrikaden bilden, halbierte PVC-Rohre als Dachrinnen funktionieren, gewöhnliche Hausfenster Licht in Baumhäuser hineinlassen. Und doch scheint hier vieles an seinem Platz. Grund dafür ist nicht nur, dass hier die Lebensdauer von Abfällen aus einer verschwenderischen Gesellschaft verlängert wird. Vor allem verstehe ich, dass Dinge anders angeordnet werden können; dass sich ihre Funktion nicht nur in dem erschöpft, was in Produktbeschreibungen und Gebrauchsanweisungen vorgegeben wird. Hier sind es nicht tote Dinge, die den Menschen ein bestimmtes Verhalten vorschreiben. Hier sind es Menschen, die mithilfe von Dingen andere Beziehungen leben. Wir können uns aus dem Bestehenden eine andere Welt zimmern.

Ich verlasse die Gruppe, mit der ich angereist bin, und schaue mich alleine um. Auf von Bäumen gesäumten Wiesen stehen verstreut einige Zelte und Jurten, wie auf einem Campingplatz außerhalb der Urlaubssaison. Überall sind Menschen beschäftigt. Für einen abgeschirmten Ort, in den man nur durch ein bewachtes Tor gelangt, bleibe ich erstaunlich unbeachtet. Durch Blickkontakt und freundliche Grüße möchte ich meine Anwesenheit irgendwie rechtfertigen, die Bestätigung bekommen, dass ich willkommen bin. Doch diese Bestätigung kam mir bereits zuteil, als ich das Tor durchschritt. Jetzt darf ich hier sein. Aber ich bin noch nicht ins zwischenmenschliche Beziehungsnetz eingebunden. Als kurzer Besucher eines einzigen Nachmittags bleibt mir dieser Einbezug verwehrt. Ich verspüre die für Besetzungen übliche Mischung aus bedingungsloser Gastfreundschaft und sorgfältigem Misstrauen, das einem vor allem dann begegnet, wenn man mit seiner Anwesenheit oder seinen Fragen allzu ungestüm in die Intimität der Bewohnenden eindringt.

Zum Zentrum der Besetzung führt ein von den Besetzer*innen angelegter Weg. Ein Schild erklärt, weshalb von den Besucher*innen die Disziplin erwartet wird, auf den Wegen zu gehen: Die an diesem Ort wachsenden Orchideen müssen geschützt werden. Auf dem gesamten Gelände sind Orchideenpflanzen mit kleinen dreieckigen roten Fähnchen einzeln markiert. Einigen Orchideen wurde sogar ein rotes Grablicht zur Seite gestellt. Wieder eine dieser wunderbaren Zweckentfremdungen. Fahnen sind hier nicht dazu da, ein Territorium in Besitz zu nehmen, das dann von den Eigentümern nach Belieben benutzt und je nach Laune auch zerstört werden kann. Hier dienen sie dazu, dem nicht-menschlichen Leben einen Schutzraum zu geben. Die Umweltschützer*innen haben das Territorium der Pflanzen abgesteckt. Sie sind die zärtlichen Verbündeten der Pflanzen, weil sie in der Symbolsprache der Menschen für die Orchideen einen Raum der Autonomie einfordern.

Den topografischen Höhepunkt der ZAD bildet ein Aussichtsturm. Von hier aus lässt sich die dem Hügel zugefügte Bisswunde überblicken. Eine U-förmige Schlucht legt das Fleisch des Hügels, einen braunen Kalkstein, offen. Die Zähne des Gebisses bestehen aus roten Röhren, die in den Boden eingelassen sind. In sie wird Sprengstoff gefüllt, um den Hügel ein Stück weiter anzufressen. Seit Jahren trachten die Werksbetreiber nach der Ausdehnung dieses Beutestücks, um ihren und den Hunger anderer – jenen der Bauindustrie und Immobilienbranche – zu stillen. Ein Einspruch von Umweltschützer*innen wurde im Mai 2020 vom Kantonsgericht abgewiesen und liegt nun beim Bundesgericht.[1]

Über einen mit Gämsenkot besäten Weg schreiten wir zu dritt am Rand der Schlucht entlang. Über uns betonen die unbelaubten und fast schwarzen Flaumeichen, die unter den vergangenen Hitzewellen und ausgebliebenen Regenfällen sichtlich gelitten haben, den trostlosen Anblick dieser Grube.

Nun haben wir unseren Rundweg abgeschlossen. Wir sehen nicht nur von oben die im Tal liegende Rückseite des Werks, in das Lastwagen ein- und ausfahren. Wir haben auch einen Teil der sprichwörtlichen Kehrseite dessen gesehen, was uns anfänglich als »regionale und nachhaltige« unternehmerische Partnerschaft angepriesen worden war. Um weitere Rückseiten dieser Glanzfassade in den Blick zu bekommen, reichen unsere Füße nicht mehr aus. Andere Wege müssen wir im Geiste begehen. Wir müssen den Finanzströmen eines Konzerns folgen, die Verästelungen des Stammbaums einer Familiendynastie durchwandern.

LafargeHolcim heißt die Betreiberin dieses Zementwerks. 2015 fusionierten die zwei Giganten der Zementbranche Holcim und Lafarge zu einem Unternehmen, das 2019 26,7 Milliarden Schweizer Franken umsetzte. An diese unternehmerische Allianz lassen sich weitere Brücken ansetzen, mit deren Hilfe wir über unterschiedliche Zeiten und Orte hinwegschreiten können. Zunächst eine Verbindung nach Syrien: Zwischen 2011 und 2015 zahlte Lafarge 15 Millionen Dollar an in Syrien aktive Terrororganisationen, darunter der sogenannte Islamische Staat. Der Unternehmensvertreter, der diese Zahlungen beaufsichtigte, tauchte bei den französischen Gemeinderatswahlen von 2014 auf einer Liste des rechtsextremen *Front National* auf. Andere Stege können an dieser Stelle nur angedeutet werden. Sie führen in 34 Länder, vornehmlich des globalen Südens, in denen das Unternehmen einer Studie von Greenpeace zufolge für 122 Fälle von Menschenrechtsverletzungen und Umweltverschmutzung verantwortlich ist.[2] Nochmals andere Überführungen bringen uns in die Vergangenheit, wo wir auf die hinter Holcim steckende Familiendynastie stoßen, die etwa mit dem Südafrika der Apartheid Geschäfte machte. In der vierten Generation dieses Stammbaums treffen wir auf der einen Seite auf Thomas Schmidheiny, der weiterhin einen Anteil von ca. 7% an LafargeHolcim hält und dessen Vermögen von Forbes auf 4,8 Milliarden Dollar geschätzt wird. Er glaubt nicht mehr daran, dass sich das international vereinbarte Zweigradziel erreichen lässt.[3] Auf der anderen Seite ist da Stephan Schmidheiny, langjähriger Inhaber des Asbestherstellers Eternit. In den 1980er Jahren profitierte er von den neoliberalen Reformen der Pinochet-Diktatur und kaufte sich im südlichen Chile 120.000 Hektar Wald, der den Mapuche-Indigenen enteignet worden war.[4]

Das rasche Durchwandern dieser kapitalistischen Geografie der Naturzerstörung und Ausbeutung offenbart aber auch andere Räume und Praktiken. Im Untergrund gibt es immer Menschen, die sich und ihre Umgebung wahren und pflegen. Zum Beispiel die Mapuches, die in Chile gegen eine zerstörerische Forstwirtschaft und für den Erhalt der Gewässer und ihrer Lebensformen kämpfen; oder die Arbeiter*innen, Gewerkschaften und Wissenschaftler*innen, die seit Anfang des letzten Jahrhunderts vor der Gefährlichkeit des Asbests warnten; oder eben die Aktivist*innen der ZAD de la Colline.

Bereits jetzt existiert ein weitverzweigtes Tunnelsystem, das diese Orte und Zeiten untergründig verbindet. Es verläuft horizontal, wenn sich Aktivist*innen aufeinander beziehen, sich gegenseitig aushelfen oder miteinander solidarisieren. Es verbindet aber auch unterschiedliche Zeitebenen, wenn etwa Menschen der Gegenwart an vergangen geglaubte Hoffnungen auf eine gerechtere Welt anknüpfen.

Hier setzt Umweltschutz für die 99% an. Es geht nicht nur um den Schutz der Natur, sondern genauso um Fragen der menschlichen Freiheit, Gleichheit und Solidarität. Die Umweltzerstörung kann nicht getrennt von den anderen sozialen Krisen der Gegenwart adressiert werden. Umweltschutz der 99%

ist deshalb Herstellen von Beziehungen zwischen Menschen aus unterschiedlichen Orten und Zeiten, die gegen die Herabsetzung und Zurichtung des Lebens durch einen heteropatriarchalen, rassistischen und neokolonialen Kapitalismus kämpfen.

Die Covid-Pandemie hat das lebensverneinende Prinzip des Kapitalismus mit schmerzhafter Deutlichkeit zum Vorschein gebracht. Wie ich später zeigen werde, zeichnet sich der Kapitalismus dadurch aus, dass er die Natur zerstückelt und die Zusammenhänge des Lebens negiert. Wie der Klimawandel fallen auch Pandemien nicht vom Himmel, sondern haben gesellschaftliche Ursachen. Biodiversitätsschwund, Entwaldung und Fragmentierung der Landschaften fördern das Überspringen von tierischen Krankheitserregern auf Menschen, dies belegen bereits verschiedene Studien.[5]

Auch wenn der Kapitalismus die Zusammenhänge des Lebens durchtrennt; die fundamentalen Naturgesetze verändern kann auch er nicht. Kapitalismus zeichnet sich vielmehr durch den unablässigen Versuch aus, den Eigensinn, der dem menschlichen und nicht-menschlichen Leben innewohnt, zu disziplinieren und für sich auszunutzen. Das gelingt aber immer weniger – Menschen und Nicht-Menschen beginnen zu streiken. Das Tragische daran ist, dass der Streik des nicht-menschlichen Lebens in Form von Unwettern, Hitzewellen, Waldbränden oder eben Pandemien zuerst vorwiegend jene trifft, die der Natur tendenziell weniger Schaden zugefügt haben: Indigene, People of Colour, Frauen, Inter, Nichtbinäre, Trans und Agender (FINTA) Menschen, Lohnabhängige, Geflüchtete, Obdachlose, Kinder und Jugendliche und viele mehr. Glücklicherweise haben aber auch Menschen einen Eigensinn. Sie können protestieren, sich verweigern, streiken, besetzen, blockieren, retten, teilen, für einander sorgen. Und sie können dadurch neue Allianzen mit den Nicht-Menschen eingehen. In einem gewissen Sinn ist Umweltschutz der 99% die geschwisterliche Assoziation der Eigensinnigen.[6]

Allianzen, die nichts Selbstverständliches an sich haben, sondern aktiv durch eine Praxis des Kennenlernens und des produktiven Aushaltens von Differenzen hergestellt werden müssen. Die der Occupy-Bewegung entlehnte Bezeichnung der 99% soll hier kein eintöniges und stets harmonisierendes Kollektiv benennen. Sie soll auch nicht die Tatsache negieren, dass beachtliche Teile der Bevölkerung aktuell rassistische, sexistische, klassistische oder umweltzerstörerische Praktiken übernehmen oder billigen. Umweltschutz der 99% wäre vielmehr ein politischer Horizont, den alle ansteuern sollten, denen nicht-ausbeuterische Beziehungen zu den Mitmenschen und der Umwelt ein Anliegen sind. Umweltschutz der 99% wäre Herstellung von Verbindungen zwischen Kollektiven, ohne die Unterschiede und Konflikte restlos zu tilgen.

So versucht dieses Buch, mithilfe der bestehenden und vergangenen Kämpfe zukunftsträchtige Verbindungen herzustellen. Es nimmt sich ein Vorbild an den Menschen, die gerade deshalb sorgen und schützen, weil sie durch Wände flüstern, Risse in Mauern schlagen, Gitterstäbe auseinanderbiegen, Arme rettend ausstrecken, unter Dornen hindurchkriechen, Drähte durchtrennen, Dielen auseinanderhebeln, mit dem Finger auf beschlagene Fensterscheiben wunderbare Zeichen malen und dadurch immer etwas Kostbares über Grenzen hinweg in andere Zeiten und Orte einschleusen.

Beim Mittagessen in der ZAD unter der klaren Januarsonne erregt etwas unter den vielen Tags und politischen Botschaften rund um das Gebäude meine Aufmerksamkeit. Mit weißer Farbe steht auf einer hölzernen, durch die Witterung dunkel gewordenen Dachtraufe:

Mit unseren Vorfahren und den kommenden Generationen

Ich hoffe, dass auch diese Dachseite bald eine Dachrinne bekommt. Damit dieser Spruch durch die künftigen Gewitter nicht abgewaschen wird.

Januar 2021

Teil 1

KONTUREN EINES UMWELTSCHUTZES DER 99%

Für ein anderes Wir. Oder: Weshalb es beim Umweltschutz der 99% darum geht, alles zu verändern

Was wurde mit dieser Erde angerichtet, die uns gegeben wurde, um zu wachsen und zu glauben und frei zu sein wie in einem Spiel? Die wir sahen und die uns die Fähigkeit gab zu betrachten. Die uns von der anderen Seite der Nacht und der Trauer Zeichen gab. […]
Was sind wir, wenn sie nicht mehr ist? Uns erfinden, gemeinsam zur Welt kommen: Können wir wieder nicht einsam sein?

Eduardo Galeano, 1975

1907 versendete der deutsche Soziologe Adolf Levenstein Fragebogen an circa fünftausend männliche Arbeiter der Textil- und Metallindustrie. Er hatte die Absicht, die »sozialpsychologische Seite des modernen Großbetriebs« sowie die »psychophysischen Einwirkungen auf die Arbeiter« zu ergründen. Neben den Arbeitsbedingungen wollte Levenstein mit seiner Erhebung auch die Haltung der Arbeiter gegenüber »außerberuflichen Kultur- und Lebensproblemen« erforschen. Deshalb stellte er ihnen folgende Fragen: »Gehen Sie oft in den Wald? Was denken Sie, wenn Sie auf dem Waldboden liegen, ringsherum tiefe Einsamkeit?« Die Antworten publizierte er fünf Jahre später in einem Buch.[7]

Da gab es einen 33-jährigen Bergarbeiter, Vater von zwei Kindern, der sich im Wald an die Worte »Göthes« erinnerte. Ein anderer glaubte in den Bäumen »Beethoven-Symphonien rauschen zu hören«. Ein Textilarbeiter konnte hingegen nicht viel denken, da er jedesmal sofort einschlief. Viele andere wiederum schilderten, wie sie in Einsamkeit und Verzweiflung verfielen oder ihre Gedanken an die »Armseligkeit der Menschen« sowie an die Kapitalisten richteten. Und nicht wenige begannen, im Wald Verbindungen mit anderen Lebewesen zu verspüren, ja sie traten mit ihnen sogar in einen Dialog. Dies kam laut Levenstein einer »Vermenschlichung der Natur« gleich, die als psychologische Kompensation von vereinsamten Individuen in einer sozialdarwinistischen Massengesellschaft zu verstehen war. »Jeder Halm, jedes Blatt, jede Blume zeigt Leben und spricht zu mir in einer Sprache, die ich verstehe«, heißt es etwa. Einer fühlte die »Blutsverwandtschaft mit der lebenden Welt«, ein weiterer erkannte in den Bäumen seine »Brüder«, und nochmals ein anderer wurde davon überzeugt, dass »jedes lebende Geschöpf ein Recht hat zu leben«.

Die Momente im Wald, »wo noch kein Schornstein die Luft verpestete«, waren für einige Befreiung von den Städten, aber auch Einsicht, dass selbst das Leben im Wald vor den »Industriebaronen« nicht geschützt war, denn diese hätten »auch das letzte Stückchen« Wald geraubt. So musste ein Bergarbeiter feststellen: »Ich gehe sehr oft in den Wald leider mann kann sagen es ist kein Wald hier im Kohlerevier.« Und als ein bereits 48-jähriger Textilarbeiter über das »Weltganze« sinnierte, stellte er sich eine freie Welt vor, in der die Erde ein »Garten« sein wird, »in dem die Gärtnerhand des Menschen rodet, ordnet und pflegt«.[8]

Als sich Levenstein Fragen ausdachte, um die Arbeiter über ihre Haltung zu Kultur- und Lebensproblemen zu befragen, nahm er wohl nicht ganz zufällig das Thema Wald. Wälder waren für das frühe 20. Jahrhundert in Deutschland zentral bei der Entstehung eines Naturschutzdenkens, das die Entwaldung aus einer konservativen, gar reaktionären Haltung aus kritisierte.[9] So ist die frühe Naturschutzbewegung dann auch meistens in die Geschichtsschreibung eingegangen: als rückwärtsgewandte, romantisierende Tradition, welche die mit der kapitalistischen Moderne verbundene Naturzerstörung mit dem Traum nach einer patriarchalen, hierarchisch geordneten Gesellschaft überwinden wollte. Aber wenn auch ein Teil dieses konservativen Diskurses die Antworten der Arbeitenden geprägt haben mag, so lässt sich in ihren Aussagen weitaus mehr finden.

Zum einen waren die kostbaren Momente im Wald auch Erfahrungen der Freiheit, des Ausbruchs aus kapitalistischen Zwängen. Auffällig viele Arbeiter träumten von Emanzipation und einer anderen Welt, »wo sich die Menschheit in Liebe vereinigte«; einem »Zukunftsstaat«, wie es ein 33-jähriger Textilarbeiter, Vater von drei Kindern, nannte, »wo diese Herrlichkeit nicht einem einzigen gehören wird«. Der Wald war für zahlreiche Arbeiter Befreiung vom erdrückenden Arbeitsalltag, ein Platz der Ruhe »vor dem grausamen Kampf ums Dasein«, ein kostbarer Moment, in dem man sein »eigner Herr« war. An die Revolution und »auch mal an ein weibliches warmes Herz« dachte einer, während ein anderer diesen schönen Wald »für seine Nachkommen erobern« wollte.

Auffallend ist zum anderen, dass dieser Traum von einer schönen, wohlgeordneten und freien Natur – so romantisch und religiös verbrämt er auch gewesen sein mag – regelmäßig an den kapitalistischen Bedingungen zerschellte. »Keine Zeit, in den Wald zu gehen«, antwortete ein 23-jähriger Bergarbeiter lapidar. »Hab' keine Zeit«, meinte ebenfalls ein mehr als zehn Jahre älterer Textilarbeiter kurz angebunden. »[W]enn die Arbeit kürzer sein möcht dann könnte man eher in den Wald gehen«, begründete ein Vater von fünf Kindern den Umstand, dass ihm zum Spazieren unter den Bäumen keine Zeit blieb. In blumiger Sprache drückte es ein 40-jähriger kinderloser Textilarbeiter aus:

»Die Wipfel wiegen und neigen sich. Es ist als wollten sie winken und rufen. – Kommt her! – Alle! – Unsere Herrlichkeit zu schauen. Aber niemand kommt. Man schafft und schuftet in staubigen Fabriken, dunstgeschwängerten Sälen, zwischen lärmenden Maschinen – in toddrohenden Schächten. Der Wald schweigt. – Als könne er nicht begreifen. – Nur Geduld Du schöner Wald. Es kommt die Zeit, da unter Deinen Wipfeln ein glückliches Geschlecht wandeln wird.«

Verwaisung des Waldes und Einsamkeit der Arbeitenden hängen hier zusammen. Zwei Folgen einer kapitalistischen Welt, in der die Menschen unter die Erde und in verstaubte Fabriken geschickt werden, damit sich einige Wenige bereichern und darüber hinaus auch noch die Natur unter den Nagel reißen können. Realitätsfremde Schwelgereien von einer mit der Natur wieder versöhnten Menschheit? Vielleicht. Aber auch erste Fragmente eines Umweltschutzes der 99%.[10]

Einem Umweltschutz der 99%, dessen Konturen in diesem Buch erkundet werden sollen, geht es nicht darum, die Natur ihrem Schutze zuliebe vom Menschen fernzuhalten. Umweltschutz der 99% muss ein enges Verständnis des Naturschutzes hinter sich lassen und alle Dimensionen der aktuellen gesellschaftlichen Krise in ihren Zusammenhängen verstehen und gleichzeitig adressieren.[11] Es geht also ganz grundsätzlich darum, die Erde anders zu bewohnen, was auch bedeutet, die Beziehungen zwischen den Menschen grundlegend anders zu gestalten. In diesem Buch lasse ich mich von drei Prämissen leiten.

Erstens bin ich davon überzeugt, dass wir uns in einer fundamentalen zivilisatorischen Krise befinden. Jahrzehntelange Diskussionen und Auseinandersetzungen um Umwelt- und Klimaschutz haben gezeigt, dass es so etwas wie einen »nachhaltigen« bzw. »grünen« Kapitalismus nicht gibt. Der Klimawandel ist dabei nur eine Folge dieser kapitalistischen Naturverhältnisse. Hinzu kommt das Überschreiten von weiteren »planetarischen Grenzen« wie Biodiversität, Landnutzung oder biochemischen Kreisläufen, was zu einer irreversiblen Deregulierung des Erdsystems führen könnte.[12] Deshalb spreche ich nicht nur von Klima-, sondern von Umweltschutz, um diese verschiedenen Aspekte der ökologischen Zerstörung miteinzubeziehen. Somit versteht ein Umweltschutz der 99% die Zerstörung der natürlichen Lebensgrundlagen als notwendiges Produkt des Kapitalismus, der sowohl die Menschen als auch die Natur ausbeutet, unterdrückt und zu einfachen »Inputs« eines auf Wachstum getrimmten Produktionsprozesses degradiert. Daraus ergibt sich die Notwendigkeit, den Kampf für einen »Systemwandel«, wie es häufig heißt, als Teil von diversen sozialen Auseinandersetzungen zu denken. Deshalb ist Umweltschutz der 99% *zweitens* auch eine Neudefinition der Subjekte einer sozialen und ökologischen Transformation. Er geht davon aus, dass wir ein neues Wir finden müssen, das alle einschließt, die in diesem System ausgebeutet, unterdrückt, diskriminiert und ausgeschlossen werden. Der Umweltschutz der 99% beruht deshalb auf einer intersektionalen Klassenpolitik. Schon immer stand der Umweltschutz in einer konfliktgeladenen Beziehung sowohl zur Arbeiter*innenbewegung als auch zu anderen Bewegungen für soziale Gerechtigkeit. Vor allem vonseiten großer Nichtregierungsorganisationen heißt es noch heute, dass Umweltschutz im Interesse aller Menschen sei und von Fragen der sozialen Gerechtigkeit abgekoppelt werden könne. Auf der anderen Seite haben auch viele Gewerkschaften ein ambivalentes bis kritisches Verhältnis zum Klima- und Umweltschutz. Immer noch gibt es Gewerkschaften, die gegen den Rückbau fossiler Industrien kämpfen und damit den Schutz der Erde und die Bewahrung von Arbeitsplätzen gegeneinander ausspielen. Umweltschutz der 99% sieht diesen Interessensgegensatz zwischen Lohnarbeitenden und Umweltschützenden nicht als unvermeidlich an, sondern als Produkt einer spezifischen politischen Konstellation, die durch soziale Kämpfe und dem Zeichnen gesellschaftlicher Alternativen verändert werden kann. Nur wenn Klima- und Umweltschutz als genuin soziale Fragen betrachtet werden, lässt sich dieses Wir entdecken.

Dadurch ergibt sich der Umweltschutz der 99% jedoch auch *drittens* aus dem Befund eines doppelten Scheiterns. Zum einen das Scheitern der bis vor wenigen Jahren in Westeuropa vorherrschenden Strömungen innerhalb der Umweltbewegung, die sich bislang allzu wenig mit sozialen Fragen befasst haben. Zum anderen aber auch das Scheitern eines Großteils der historischen Linken und Arbeiter*innenbewegung, die sich – trotz Ausnahmen – dem Umweltschutz nur ungenügend gewidmet haben. Demnach ist Umweltschutz der 99% sowohl Wiederanknüpfung an eine antikapitalistische Tradition als auch Neuerfindung. Eine Neuerfindung, bei der eine Spurensuche im 19. und anbrechenden 20. Jahrhundert den Sinn für das Mögliche schärfen kann. Denn es gibt eine verschüttete, vergessene, selbst in linken Erzählungen allzu häufig übergangene Tradition des Umweltschutzes der 99%, die es mit Blick auf die Dringlichkeit einer ökologischen und sozialen Transformation neu zu entdecken gilt.

Dieses Buch hat zwei Teile. In diesem ersten Teil umreiße ich den Begriff des Umweltschutzes der 99%. Ich argumentiere, dass Umweltschutz der 99% antikapitalistisch, antirassistisch, feministisch, dekolonial, klassenkämpferisch und internationalistisch sein soll sowie für Solidarität, Kooperation und Selbstbestimmung einstehen muss. Ein Anliegen dieses Buches ist, die möglichen Subjekte der Kämpfe für eine soziale, ökologische und solidarische Welt näher zu bestimmen. Denn ich habe den Eindruck, dass sich linke Diskussionen über eine sozialökologische Transformation vor allem auf die programmatische Ebene fokussieren und in erster Linie politische Forderungen und alternative Gesellschaftsentwürfe behandeln. Dadurch geraten jedoch die Subjekte, die solche Forderungen umzusetzen in der Lage wären, etwas aus dem Blickfeld.[13] Das Buch ist somit auch als Plädoyer dafür zu verstehen, sozialökologische Transformation von den Bewegungen und Kämpfen aus zu denken.

Der zweite Teil stellt die Geschichte in einen Dialog mit den ökologischen Herausforderungen der Gegenwart. Mithilfe einer Reise durch verschiedene Zeiten und Orte wird eine alternative Kartografie der Linken gezeichnet, die sich vor allem mit Beispielen aus dem transatlantischen Anarchismus und libertären Sozialismus befasst. Anhand von sieben Beispielen werden verschiedene, geografisch wie auch zeitlich verstreute Aspekte eines Umweltschutzes der 99% besprochen. Das zweite Kapitel diskutiert die Allianzen zwischen Umweltschützenden und Industriearbeitenden. Wenn wir Umweltzerstörung auch als Gesundheitsfrage betrachten und Umweltschutz als eine Politik des Körpers definieren, werden, so das Argument in Kapitel drei, neue politische Allianzen denkbar. Kapitel vier, fünf und sieben behandeln unterschiedliche Subjekte (Frauen, People of Colour und Indigene) und illustrieren, wie deren spezifische Unterdrückung mit Umweltzerstörung zusammenhängt – und weshalb ihre Kämpfe ökologisches Potenzial besitzen. Das sechste Kapitel diskutiert die Eigentumsfrage und zeigt auf, dass der Kampf gegen Umweltzerstörung auch ein Kampf für die Demokratisierung aller Lebensbereiche sein muss. Bei diesen Kapiteln handelt es sich um Fragmente eines Umweltschutzes der 99%, die nur durch dünne historische und narrative Fäden zusammengehalten werden. Dadurch soll die heterodoxe und ausgangsoffene Dimension jeder Suche nach neuen emanzipatorischen Horizonten verdeutlicht werden. Obwohl die Anordnung der Kapitel im zweiten Teil einer gewissen darstellerischen Logik folgt, können sie in unterschiedlichen Reihenfolgen und unabhängig voneinander gelesen werden.

Es könnte noch lange so weitergehen

Ein Umweltschutz der 99% ist das Gegenstück eines Umweltschutzes für die 1%. Er macht den Herrschenden die Fähigkeit streitig, im Namen der gesamten Menschheit für angeblichen Klimaschutz zu sorgen. Denn dem dominanten Umweltschutz haftet eine Blindheit für soziale Fragen an. Dies ist nicht neu. Der Umweltschutz hat eine lange Geschichte der Vertreibung, Ausbeutung und Unterdrückung. Seit der Gründung der ersten Naturschutzgebiete im 19. Jahrhundert werden lokale Bevölkerungsgruppen teils gewaltsam vertrieben, nur damit einige meist weiße Eliten die »unberührte« Natur bestaunen können.[14] Auch heute noch verschärfen viele »von oben« entworfene Klimaschutzpolitiken soziale Ungleichheiten, indem die Kosten einer angeblich »nachhaltigen« Wirtschaft auf die Lohnabhängigen abgewälzt werden. Man denke nur an die Gelbwestenbewegung. Die Ende 2018 vom französischen Präsidenten Emmanuel Macron geplante Steuererhöhung auf Benzin traf in erster Linie die Prekären und Niedriglohnempfänger*innen, die etwa in Stadtrandgebieten ohne öffentliche Verkehrsinfrastruktur auf das Auto angewiesen sind. Aber beileibe nicht alle Aktivist*innen der Gelbwesten waren und sind gegen jeglichen Umweltschutz. Indem sie aber die soziale Ungleichheit, die deutlichen Demokratiedefizite und die mangelnde gesellschaftliche Infrastruktur – öffentlicher Verkehr, Spitäler, Altenheime, Schulen – anprangerten, erfanden sie, manchmal in Zusammenarbeit mit Umweltschützenden, eine Art Umweltschutz der 99%.[15]

Die drohende Klima- und Umweltkatastrophe ist somit das Resultat von sozialen Verhältnissen, die historisch gewachsen sind und deshalb auch überwunden werden können. Weder eine dem Menschen angeborene Gier und Maßlosigkeit noch eine in der »westlichen Zivilisation« allgegenwärtige »Mentalität« der Naturunterwerfung können für die ökologischen Zerstörungen verantwortlich gemacht werden. Natürlich spielen kulturelle Faktoren eine Rolle. Diese als alleinige Ursachen zu benennen, verdeckt allerdings die gesellschaftlichen Machtverhältnisse und damit die ungleiche Verantwortung für Klimawandel und Umweltzerstörung. Es sind ganz konkret und in erster Linie die Reichen und Mächtigen sowie die Großkonzerne, allen voran die Energiefirmen, Finanzinstitute und Agrarmultis, welche mit Unterstützung ihrer Regierungen Mensch und Natur zerstören und ausbeuten.

Trotz dieser ungleichen Verantwortung nehmen aber dominante Umweltschutzdiskurse die Armen genauso in die Pflicht wie die Reichen und Mächtigen. Ohne Unterscheidung wird an alle Konsument*innen oder Bürger*innen appelliert, unter Missachtung der Tatsache, dass umweltschädliche Konsumpraktiken mit steigenden Einkommen konsequent zunehmen. Eine viel beachtete Oxfam-Studie berechnete etwa, dass das reichste 1% der Weltbevölkerung doppelt so viel CO_2 emittiert wie die ärmste Hälfte der Bevölkerung.[16] Die weltweite Flotte der 300 größten Superjachten mit einer Länge von 60 Metern oder mehr emittiert allein für ihre Fortbewegung in einem Jahr ähnlich viel CO_2 wie ganz Burundi.[17] Doch viele bevorzugen es, an ein abstraktes Kollektiv zu appellieren, das Fragen von Klasse und CO_2 übergeht und uns alle gleichermaßen von Klimawandel und Umweltzerstörung betroffen machen will. Als Gefangene auf dem »Raumschiff Erde« müssten wir uns alle entscheiden, ob wir unsere Reise fortsetzen oder als gesamte Besatzung an der Klippe des Klimawandels unser Ende finden möchten. Im Dezember 2020 kündigte der Erdölkonzern ExxonMobile auf Twitter einen Bericht von Öl- und Gasfirmen mit Maßnahmen zur Emissionsreduktion mit folgenden heuchlerischen Worten an: »We are all in this together.« Dass wohl nicht alle zu diesem Wir gehören, zeigte sich bereits einige Monate früher, als interne Berichte von ExxonMobile publik wurden. Darin rechnete das Unternehmen im Rahmen seiner 210 Milliarden Dollar umfassenden Expansionsstrategie kaltblütig mit einem 17-prozentigen Emissionsanstieg bis 2025.[18]

Seit Jahrzehnten machen Aktivist*innen zu Recht darauf aufmerksam, dass wir nicht alle gleichermaßen von Umweltzerstörung und Klimakatastrophe betroffen sind. Die Klima-

und Umweltgerechtigkeitsbewegung bricht damit ganz entscheidend mit der Vorstellung einer im Angesicht der Apokalypse zusammenstehenden Menschheit. Sie zeigt, dass der Kampf für eine wirklich nachhaltige Welt nur mit einem Kampf für soziale Gerechtigkeit und der Anerkennung des Rechts auf Selbstbestimmung denkbar ist. An vorderster Front dieser Kämpfe stehen Frauen, Landlose, Bäuerinnen und Bauern, People of Colour, junge Menschen und Indigene. Nicht zufällig sind aus diesen Kämpfen für Umwelt- und Klimagerechtigkeit fruchtbare Allianzen entstanden. Solche Kämpfe verdeutlichen, dass so etwas wie eine universelle Menschheit nur durch gemeinsame Kämpfe, einen Prozess des Solidarisierens sowie einen Bruch mit einem System möglich ist, das Menschen systematisch entmenschlicht. Um eine soziale und ökologische Zukunft zu erobern, müssen wir den Herrschenden die Fähigkeit streitig machen, im Namen aller für angebliche Nachhaltigkeit zu sorgen.

Nichtsdestotrotz tappen immer noch viele Umweltorganisationen und Parteien in die Falle, die uns ein abstrakter Begriff der Menschheit stellt. Weil rasch ins Auge sticht, dass nicht alle die Schalthebel des Raumschiffes bedienen, wird gerne an die Einsicht derjenigen appelliert, die den Kurs dieses Gefährtes bestimmen können. Auch vonseiten der Fridays-For-Future-Protestierenden in Deutschland, der Klimastreikenden in der Schweiz oder der Aktivist*innen von Extinction Rebellion sind bisweilen solche Appelle zu hören. Da wir nun alle »im selben Boot sitzen«, alle dieselbe dreckige Luft einatmen, dasselbe verschmutzte Wasser trinken und alle gleichermaßen unter der sengenden Hitze leiden, müssten wir alle am selben Strang ziehen. Untätigkeit der Entscheidungsträger*innen wird so zu einem Problem des Wissens, der mangelnden Ein- respektive Voraussicht. Doch ein solcher Fokus auf Wissen setzt voraus, dass auf Einsicht direktes und angebrachtes Handeln folgt. Mit anderen Worten: Appelle an die Vernunft der Herrschenden setzen immer voraus, dass wir in einer vernünftigen Welt leben. Dass indes die dominante »Vernunft« zutiefst unvernünftig sein kann und dass das, was unter den herrschenden Zuständen als unvernünftig gilt, den Keim einer anderen, universelleren Vernunft in sich tragen kann, hat schon der junge Marx erkannt.[19]

Das Problem ist somit nicht nur das Leugnen wissenschaftlicher Fakten. Das Problem ist in erster Linie, dass diesem kapitalistischen System eine tiefsitzende Leugnung der biophysischen und menschlichen Grenzen eingebaut ist. Auch Mächtige, die oberflächlich die Fakten der Wissenschaft anerkennen, scheuen systematisch vor ihren praktischen Implikationen zurück. Was verdeutlicht dies eindrücklicher als die Tatsache, dass seit der Unterzeichnung der Klimarahmenkonvention im Jahr 1992 – also der internationalen Anerkennung des Klimawandels als Bedrohung für die Menschheit – die Treibhausgasemissionen um mehr als 60% angestiegen sind?[20] Umgekehrt sind auch die an den Schalthebeln der Macht stehenden »Klimaskeptiker*innen« alles andere als untätig. Zwar widersetzen sie sich einer Reduktion der Treibhausgasemissionen, doch treffen sie sehr wohl Maßnahmen zur Verteidigung ihrer Privilegien: Sie schützen ihre Villen und Golfplätze vor steigenden Meeresspiegeln, schicken Flugzeugträger in von Stürmen zerstörte Regionen oder bauen Grenzmauern.[21]

Trotzdem bleibt die Hoffnung, dieses System könne doch noch die Kurve kriegen, weiterhin bei Vielen bestehen. Eine im akademischen Duktus daherkommende Version davon vertritt der Historiker Dipesh Chakrabarty. In einer Replik auf kapitalismuskritische Analysen des Klimawandels entgegnete er 2017, dass der Kampf gegen den Klimawandel auch im Interesse der reichen Nationen und Klassen sei. Schließlich müssten auch die Privilegierten einsehen, dass ihre Arbeitskräfte irgendwann einmal keine Luft mehr zum Atmen haben werden. Er setzte seine Hoffnung deshalb auf ein »aufgeklärtes Eigeninteresse« der Herrschenden.[22] Inzwischen sind die Treibhausgasemissionen noch einmal angestiegen, riesige Flächen des amazonischen Regenwalds und Australiens abgebrannt und ein Temperaturrekord nach dem anderen aufgestellt worden. So etwas wie Einsicht ist nicht zu beobachten, schon gar nicht nach der Corona-Pandemie und der Wirtschaftskrise, auf die

die Herrschenden größtenteils mit weiteren klimaschädlichen Maßnahmen reagieren.

In seinem jährlichen *Emission Gap Report* berechnet das Umweltprogramm der UNO jeweils die Differenz zwischen den kommunizierten Reduktionszielen der Regierungen und den Emissionsreduktionen, die zur Einhaltung des 2°C-Ziels, respektive des 1,5°C-Ziels notwendig wären.[23] Die Kluft bleibt riesig, selbst nach der kurzzeitigen pandemiebedingten Reduktion der Treibhausgasemissionen. Dabei handelt es sich wohlgemerkt nur um nicht verpflichtende Ankündigungen der Regierungen. Die Autor*innen des Berichts von 2019 halten deshalb fest: »Obwohl viele Regierungen eine Emissionsreduktion planen, signalisieren sie das Gegenteil, wenn es um die Produktion von fossilen Energien geht und um Pläne und Vorhaben des Ausbaus.«[24] Eine andere Studie in der Zeitschrift *Nature* kam zu dem Schluss, dass das Einhalten des 1,5°C-Ziels konsequenterweise bedeuten müsste, dass keine neuen Energieinfrastrukturen gebaut werden dürften, welche Treibhausgase emittieren. Zudem müssten bestehende Infrastrukturen schneller als geplant zurückgebaut oder vom Netz genommen werden.[25] Im Klartext heißt das: Keine neuen Pipelines, kein Ausbau von Flughäfen, keine neuen Kohlekraftwerke usw. – also genau das Gegenteil von dem, was Unternehmen und Regierungen tun. Ganz offensichtlich rechnen jene, die den Ausbau fossiler Infrastruktur finanzieren, nicht damit, dass die international vereinbarten Klimaziele eingehalten werden. Sonst würden sie nämlich keine Renditen erwarten und von ihren Investitionen absehen.[26] Wir sollten also vielmehr davon ausgehen, dass die engstirnige, auf kurzsichtige Profite ausgerichtete Rationalität des Kapitals in einem diametralen Widerspruch zu einer vernünftigen Politik zum Schutz der Mehrheit der Menschen steht.

Das im Pariser Klimaabkommen von 2015 beschlossene 1,5°C-Ziel beinhaltet eine implizite Radikalität, die nicht nur von Klimaaktivist*innen erkannt wird.[27] Mittlerweile sprechen auch immer mehr Forscher*innen und internationale Organisationen von der Notwendigkeit eines gesellschaftlichen Paradigmenwechsels. Auf das Problem der Biodiversität bezogen schreibt etwa der Biodiversitätsrat der UNO (IPBES) in einer Fußnote von einer »fundamentalen, systemischen Reorganisierung mit technologischen, ökologischen und sozialen Faktoren, einschließlich Paradigmen, Zielen und Werten.«[28] Trotzdem rechnen große internationale Organisationen wie der IPBES oder der Weltklimarat IPCC in der Regel mit dem Fortbestehen der wachstumsbasierten Wirtschaftsform. Die meisten Szenarien des IPCC beinhalten deshalb ein Hinauszögern der Treibhausgasreduktionen, kombiniert mit ökologisch und sozial problematischen Technologien der CO_2-Absorption und -Speicherung. Es handelt sich dabei um eine zutiefst kapitalistische Rationalität: Eine technologische Flucht nach vorne, eine menschenverachtende Wette auf die Zukunft.[29]

Chakrabartys besänftigender und einschläfernder Glaube an die Anpassungsfähigkeit des Kapitalismus kann mit demjenigen des »deutschen Bürgers« verglichen werden, den Walter Benjamin in seinem Buch *Einbahnstraße* in einem Panorama der deutschen Inflationszeit der 1920er Jahre beschrieben hat.[30] Für diesen Bürger, so der deutsch-jüdische Philosoph, sei alles, was Leid und Schaden verursache, Zeichen einer Instabilität, die irgendwann ihr Ende haben muss. Von Wohlstand und Stabilität verwöhnt, verkenne er, dass »stabile Verhältnisse nie und nimmer angenehme Verhältnisse« sein müssen. In der Überzeugung, dass »es so nicht weitergehen könne«, werden Ausbeutung und Zerstörung als anormale Phase einer sich hin zu zunehmender Prosperität entwickelnden Gesellschaftsform verstanden. Das ungeduldige Warten auf Stabilität, Ordnung und Wiederherstellung der bürgerlichen Privilegien werde sich aber »darüber belehrt finden, dass es für das Leiden des einzelnen wie der Gemeinschaften nur eine Grenze, über die hinaus es nicht mehr weiter geht, gibt: die Vernichtung.«[31] Eindrückliche Worte, nicht nur im Rückblick auf den von Benjamin beobachteten Aufstieg des Nationalsozialismus, sondern auch im Hinblick auf das, was uns in einer wärmer werdenden Welt erwartet. »Ob es uns gefällt oder nicht«, schreibt der Ökomarxist Paul Burkett, »die Tatsache ist, dass der Kapitalismus jede ökologische Katastrophe überleben kann, die die Menschheit nicht vollständig auslöscht.«[32] Ohne einen Umweltschutz der 99% steht uns somit ein globaler Desaster-Kapitalismus bevor, wie Naomi Klein es nennt.[33] Das bedeutet keinen apokalyptischen zivilisatorischen »Kollaps«, wie einige behaupten, sondern eine teils sprunghaft verlaufende, teils schleichende Barbarisierung des Kapitalismus, die sich je nach Region und sozialer Schicht sowie abhängig von sozialen Kämpfen in verschiedenen Rhythmen durchsetzen könnte.

Der Umweltschutz der 99% setzt somit den Bruch mit den kapitalistischen Verhältnissen als Grundbedingung für ein nachhaltiges Leben voraus. Er nimmt die Kritik der Umwelt- und Klimagerechtigkeitsbewegung am abstrakten Konzept einer homogenen »Menschheit« auf und treibt sie weiter in Richtung eines emanzipatorischen, solidarischen, feministischen, antirassistischen, dekolonialen und internationalistischen Horizonts. Er sieht mit Walter Benjamin das Engagement für Klimaschutz als eine Politik der »Notbremse«, die dem kapitalistischen Wahnsinn ein Ende bereiten muss.[34] Diese für die Zukunft der Menschheit entscheidende »Kraftprobe«[35] ist aber nur mit politischen und gesellschaftlichen Massenbewegungen zu gewinnen. Erstmal gilt es also mit Marx diese kapitalistische Gesellschaft im Detail zu erkunden, um zu verstehen, auf wen wir im Kampf für eine nachhaltige Welt setzen können. Wir müssen zuerst diese Welt verstehen, in der das »Tote das Lebendige« beherrscht, wie es Marx formulierte. Erst dann können wir das Wir, das für eine andere Welt kämpft, anders als eine abstrakte, eintönige »Menschheit« denken.

Das Tote beherrscht das Lebendige

Als Menschen sind wir Teil der Natur, stand für den frühen Marx fest. Als körperliche Wesen haben wir Bedürfnisse, die wir nur in der Interaktion mit unserer Umwelt stillen können. Deshalb war die Umwelt für ihn der »anorganische Körper« des Menschen, mit dem er in einem konstanten Prozess des Stoffwechsels steht. Ohne diesen ständigen Austausch von Energie und Materie mit der Natur können Menschen nicht überleben. Selbstverständlich war sich Marx der geografischen und historischen Diversität, mit der Menschen mit ihrer Umwelt interagieren, bewusst. Sie war für ihn sogar das spezifische Merkmal menschlicher Wesen. Denn anders als Tiere können Menschen diesen Stoffwechsel mit der Umwelt bewusst regulieren und verändern. Eine Gemeinschaft von Jäger*innen und Sammler*innen interagiert anders mit ihrer Umwelt als Viehzucht betreibende Nomad*innen.

Wer über die Geschichte der Menschheit schreibt, darf somit nie vergessen, dass »die körperliche Organisation dieser Individuen und ihr dadurch gegebenes Verhältnis zur übrigen Natur« der fundamentalste Umstand gesellschaftlicher Organisation ist. »Alle Geschichtsschreibung muß von diesen natürlichen Grundlagen und ihrer Modifikation der Geschichte durch die Aktion der Menschen ausgehen.«[36] Arbeit – verstanden als körperliche Reproduktion, aber auch als kulturelle und gesellschaftliche Tätigkeit – war für Marx die zentrale Praxis, mit der Menschen untereinander und mit ihrer Umwelt in Beziehung treten.

Von diesen Grundsätzen ausgehend war nun Marx' Kritik der politischen Ökonomie eine phänomenale »Entnaturalisierung« des Kapitalismus. Was für liberale Wirtschaftstheoretiker als selbstverständlich galt – Arbeit, Eigentum, Produktion usw. –, wies Marx als historisch spezifische und deshalb geschichtlich gewordene Kategorien nach. Dies galt auch für die kapitalistischen Naturverhältnisse. Während es immer noch als nahezu selbstverständlich gilt, dass die Menschen von der Natur getrennt sind und dabei andere Gesellschaftsformen entweder als »Primitive« verunglimpft oder als »Naturverbundene« romantisiert werden, drehte Marx das Argument um. Erstaunlich und erklärungsbedürftig war für ihn nicht die enge Beziehung der Menschen zu ihrer Umwelt, sondern gerade umgekehrt die widersprüchliche und unvollständige Trennung von Mensch und Natur im Kapitalismus.

So war für ihn der erste Akt, durch den der Kapitalismus »blut- und schmutztriefend« die Welt erblickte, die Trennung der Mehrheit der Menschen von ihren natürlichen Subsistenzmitteln. Das, was er als »sogenannt ursprüngliche Akkumulation« bezeichnete, war nichts anderes als die Vertreibung der Menschen von dem Land, das sie bebauten, den Wäldern, in denen sie Holz sammelten und ab und an jagten, oder den Flüssen, aus denen sie Fische fingen. Erst nachdem eine große Masse an Menschen nicht mehr für ihr eigenes Überleben sorgen konnte, konnte die Lohnarbeit zu einer Grundlage gesellschaftlicher Produktion werden. Solche Prozesse der ursprünglichen Akkumulation verliefen je nach Epoche und Weltregion unterschiedlich und reichen bis in die Gegenwart, da sie bis heute von Widerständen aufgehalten oder gebremst werden.

Was Marx allerdings nicht sah, war die parallel zu dieser Trennung von Mensch und Natur vonstatten gehende Trennung von produktiven und reproduktiven Tätigkeiten. Während immer mehr Menschen zu Lohnarbeit gezwungen wurden, mussten diese zur Lohnarbeit angehaltenen Körper irgendwie überleben. Wie die Feministin Silvia Federici gezeigt hat, ging die ursprüngliche Akkumulation deshalb mit einer Disziplinierung der Frauen einher. Ihnen wurde die Kontrolle über reproduktive Tätigkeiten zunehmend entzogen und diese Arbeiten gleichzeitig abgewertet. War und ist in vielen Subsistenzwirtschaft betreibenden, nicht-kapitalistischen Gesellschaften Produktion zugleich Reproduktion der Körper und der sozialen Gemeinschaften, so wurden diese Tätigkeiten durch die Entstehung des Kapitalismus zunehmend räumlich und sozial auseinandergerissen. Der Kapitalismus entstand somit nicht nur aus einem Angriff auf die Beziehung von Mensch und Natur, sondern auch aus einem ebenso brutal verlaufenden Angriff auf die gesellschaftliche Reproduktion, also die Art und Weise, wie sich Menschen als biologische und soziale Wesen am Leben hielten.[37] Mit anderen Worten: Der Kapitalismus begann nicht nur mit einem Raubzug gegen die Natur, sondern auch durch eine Verdrängung ganzer Menschengruppen (von Rassismus Betroffene und Frauen) in die angebliche »Natur«, um deren Arbeit billig oder kostenlos nutzen zu können. Wie auch die Natur galt von nun an die weiblich kodierte Reproduktionsarbeit als unerschöpflich.[38]

Somit reproduziert sich der Kapitalismus nicht nur durch die Lohnverhältnisse, in denen die Kapitalist*innen Mehrwert abschöpfen. Kapitalismus bestiehlt nicht nur die Lohnarbeitenden, indem er sie mehr produzieren lässt, als sie in Form von Löhnen zurückbezahlt bekommen. Der Kapitalismus enteignet auch die Natur und jene Arbeiter*innen, die nicht für einen Lohn arbeiten, wie etwa Frauen oder Sklav*innen. Hinter dem Markt, in dem die Menschen als angeblich freie Rechtssubjekte ihre Waren austauschen, befindet sich nicht nur die Sphäre der Produktion, wie Marx dachte.[39] Wie der Umwelthistoriker Jason Moore gezeigt hat, hängt der Kapitalismus grundlegend von billigen oder kostenlosen Energiequellen, Ressourcen und Arbeitskräften ab.[40] Das angebliche »Außen« des Kapitalismus ist somit integraler Bestandteil dieses wirtschaftlichen Systems. Dadurch, dass der Kapitalismus gewisse Formen der Arbeit sowie Ressourcen als »Natur« kodiert, kann er frei über diese verfügen.[41]

Indem die »Wirtschaft« von dem sozialen Gefüge, von dem sie eigentlich abhängig ist, zunehmend losgelöst werden soll, erhält die Produktion für den Markt eine Eigenlogik. Nun wird die Erwirtschaftung von Profit zur obersten Priorität. Das Erfüllen von sozialen und individuellen Bedürfnissen wird sekundär und ist nur insofern wichtig, als dass die produzierten Güter und Dienstleistungen unter die Leute gebracht werden müssen. Das Kapital, das sich in der produktiven Sphäre zu akkumulieren versucht, wird so zu einer fremden Macht, welche ihre Anforderungen den Arbeitenden und ihren Gemeinschaften aufdrückt. Es entsteht eine Spirale der Produktion, die sich von den Grenzen, die Ökosysteme und menschliche Körper in sich tragen, ständig zu befreien versucht. Das Kapital – selbst Produkt von menschlicher Arbeit und natürlichen Bedingungen – ist das Tote, das das Lebende aufsaugt, um sich zu vermehren.[42] Es wird zu einem autonomen und fremden Akteur, der seine Bedürfnisse und Sachzwänge den Menschen aufzwingt.

Das unentrinnbare Schicksal des Kapitals besteht darin, dass es sich ständig von den Grenzen der menschlichen Körper und der Ökosysteme zu befreien versucht, jedoch permanent auf diese Grundbedingungen zurückgeworfen wird. Der Traum einer Akkumulation ohne Arbeit und ohne Natur ist somit immer wiederkehrendes Element einer herrschenden Ideologie, die die

Grenzen des Lebenden nicht anerkennt. Seit es den Kapitalismus gibt, wird von einer komplett arbeitsfreien Gesellschaft, einer vollständig durchrobotisierten Arbeitswelt geträumt. Und besonders seit dem Aufkommen der modernen Umweltbewegung in den 1970er Jahren schwärmen Regierungen und Unternehmen von der zunehmenden »Dematerialisierung« der Wirtschaft. Beide Visionen haben sich nicht bewahrheitet. Global gesehen gibt es mehr Lohnabhängige und es werden immer mehr Ressourcen verschwendet, um diesen endlosen Akkumulationskreislauf zu speisen. »Je mehr ein Land [...] von der großen Industrie als dem Hintergrund seiner Entwicklung ausgeht«, so Marx, »desto rascher sein Zerstörungsprozeß. Die kapitalistische Produktion entwickelt daher nur die Technik und Kombination des gesellschaftlichen Produktionsprozesses, indem sie zugleich die Springquellen alles Reichtums untergräbt: die Erde und den Arbeiter.«[43]

Wir haben aber gesehen, dass diese Springquellen des Reichtums im Kapitalismus voneinander getrennt sind; sie sind separate Zutaten eines Akkumulationsprozesses, deren Anwendung ausschließlich durch das Kriterium des Profits bestimmt ist. So ist dem Kapitalismus von vornherein ein Leben verneinendes Prinzip eingebaut, da er die vielfältigen Beziehungen, die zwischen Menschen und Nicht-Menschen bestehen, negiert und sie als getrennte Zutaten seinem Produktionsprozess beimischt. Die Arbeitenden interagieren mit Teilen der Natur, über die sie nicht frei und demokratisch verfügen. Deshalb ist Umweltschutz der 99% von Beginn an eine Frage der gesellschaftlichen Aneignung und Kollektivierung von Ressourcen, also letzten Endes eine Frage der Demokratie.

Im *Kapital* von Marx ist die Einführung neuer, mit fossilen Energien betriebener Maschinen nicht die Konsequenz eines linearen technologischen Fortschrittes. Bevor die 1769 von Watt patentierte Dampfmaschine massenhaft eingesetzt werden konnte, brauchte es laut Marx grundlegende Veränderungen. Erst als die Arbeitenden zu einfachen Anhängseln eines geplanten, durchgetakteten industriellen Gesamtmechanismus geworden waren, wurde die Dampfmaschine großflächig einsetzbar. »[S]obald der Mensch, statt mit dem Werkzeug auf den Arbeitsgegenstand, nur noch als Triebkraft auf eine Werkzeugmaschine wirkt, wird die Verkleidung der Triebkraft in menschliche Muskeln zufällig und kann Wind, Wasser, Dampf usw. an die Stelle treten.«[44] Der Einsatz neuer Maschinen und Energiequellen ist somit Konsequenz einer Vereinfachung der Arbeit als auch Mittel, um die Widerstandskraft der arbeitenden Körper zu brechen, sie zu einfachen »Triebkräften« verkommen zu lassen.

Fossile Energien sind somit für Marx wichtige Instrumente, um die Verbindungen zwischen den Lebewesen zu verneinen und sich über die Grenzen des Lebenden hinwegzusetzen. Ohne fossile Energien gäbe es keinen Kapitalismus wie wir ihn kennen. Die fossilen Energien erlaubten eine nie dagewesene Mobilität des Kapitals, eine Autonomisierung gegenüber natürlichen Bedingungen. Gleichzeitig waren sie ein Mittel, um die Widerstandskraft der arbeitenden Menschen – der »lebendigen Arbeit« – zu brechen. »Nach jedem einigermaßen bedeutenden Strike«, so Marx, »entstand eine neue Maschine.«[45] Nicht zufällig begannen britische Industrielle nach einer massiven Streikwelle Anfang der 1830er Jahre, dampfbetriebene Maschinen zu verwenden, wie der Geograf Andreas Malm gezeigt hat.[46]

Maschinen sind im Kapitalismus Instrumente, mit denen sich die Kapitalist*innen von der Natur und der Arbeit zu emanzipieren versuchen, indem sie Natur und Arbeit auf eine Art miteinander vermengen, die diesem Drang nach Autonomie förderlich ist. Hier zeigt sich der Widerspruch dieses Unternehmens. Denn die Befreiung von menschlichen und ökologischen Grenzen ist im planetarischen Maßstab und über längere Zeiträume nicht möglich. Um sich von den unmittelbaren geografischen Bedingungen zu befreien, die Industrien in die Städte zu verlagern und die Widerstandskraft der Arbeitenden zu brechen, musste das Kapital zu Energiequellen greifen, die sich während Jahrmillionen im Erdinnern abgelagert hatten. In einem gigantischen Experiment geologischen Ausmaßes wurde so auf die »unterirdischen Wälder«, wie es im 19. Jahrhundert hieß, zurückgegriffen. Indem er sich partiell über die zeitlich und lokal determinierten Grenzen des Lebenden hinwegsetzen kann, war der Kapitalismus das erste System, das eine ökologische Krise planetarischen und geologischen Ausmaßes herbeiführen konnte. Marx und Ökomarxist*innen nannten dies die Tendenz des Kapitalismus, Brüche im Stoffwechsel zwischen Mensch und Natur herbeizuführen. Dank der Dynamik des Kapitalismus konnten diese Brüche immer wieder überwunden und in die Zukunft verschoben werden. Dabei wurden aber immer größere planetarische Brüche ausgelöst. »Die Geschichte des Kapitals ist demnach auch die Geschichte von erfolgreichen Versuchen vonseiten der kapitalistischen Klasse, sich von der Natur zu emanzipieren«, schreibt Andreas Malm. Dies ist aber ein in sich widersprüchliches und sich selbst unterminierendes Unternehmen, »denn die einzigen Waffen, die das Kapital zur Unterwerfung von Arbeit und Natur verwenden kann, sind natürlich Arbeit und Natur.«[47]

»Und so werden wir bei jedem Schritt daran erinnert, daß wir keineswegs die Natur beherrschen, wie ein Eroberer ein fremdes Volk beherrscht, wie jemand, der außer der Natur steht – sondern daß wir mit Fleisch und Blut und Hirn ihr angehören und mitten in ihr stehn, und daß unsre ganze Herrschaft über sie darin besteht, im Vorzug vor allen andern Geschöpfen ihre Gesetze erkennen und richtig anwenden zu können.«[48], schrieb Engels in *Dialektik der Natur.* Es ist die fremde Macht des Kapitals mit ihrem grenzenlosen Hunger nach Profit, die die gesellschaftliche Interaktion mit der Umwelt bestimmt. Der Kapitalismus lässt die Natur verkommen, er entzaubert sie und reduziert sie auf ein einfaches, teilbares und eintöniges Ding. Von Verbindungen zwischen dem Lebenden wird abstrahiert. Nur so können unterschiedliche Teile unserer Umwelt handelbar gemacht werden. Das »arbeitende Substrat der Natur«[49], wie es der marxistische Philosoph Ernst Bloch nannte, wird beständig negiert und zu einem verwertbaren Ding gemacht.

Zurück zu den Arbeitern, die Levenstein 1907 befragte: Mithilfe der Einsicht in die Zusammenhänge zwischen Ausbeutung der Menschen und Unterwerfung der Natur können die Wünsche und Gedanken der im Wald liegenden Arbeiter vom Stereotyp des einfachen und romantisch verblendeten Gemüts befreit werden. In ihren Spaziergängen durch den Wald, ihrem Lauschen nach Vogelstimmen sowie ihren Gesprächen mit den Ameisen und Bienen wird ein emanzipatorisches Naturverständnis erkennbar, das aus der instrumentellen Naturnutzung auszubrechen versucht. Wenn einer in den Bäumen seine Brüder erblickt und ein anderer »unwillkürlich Vergleiche [...] zwischen uns Arbeitern und der Natur« zieht, dann haben diese Arbeiter etwas Grundlegendes verstanden: dass nämlich Befreiung der Menschen und Befreiung der Natur zusammenhängen. Es ist die auch heute noch sehr aktuelle Erkenntnis, dass sowohl die arbeitenden und denkenden Menschen als auch die Nicht-Menschen eine Fähigkeit zur Selbstregulation haben, die vom Kapital nicht abhängig ist. So träumte einer davon, »so frei und unabhängig zu sein wie diese Waldwiesen, die Vöglein, die Bächlein, Reh und Hasen«. Ein anderer schrieb: »Und der herlige Vogelgesang, alles ist frei und munter, nur wihr sind nicht frei.« Diese Selbstregulation, so die Überzeugung dieser Arbeiter, kann in einem geschwisterlichen Zusammenspannen zwischen freien Menschen und der Natur weiter kultiviert werden. Erst wenn die in Fabriken und Minen verbrachte Zeit reduziert wird, können die Arbeiter wieder in den vormals menschenleeren Wäldern wandeln und zu Gärtnern werden, die die Natur zwar für eigene Bedürfnisse nutzen, gleichzeitig aber auch hegen und pflegen. Die Sehnsucht nach einem Leben, das nicht nur durch die eintönige Fabrik- oder Minenarbeit bestimmt ist, muss auch als Wunsch verstanden werden, andere Beziehungen zu den Mitmenschen und der Natur herstellen, ausleben und kultivieren zu können. Diese Arbeiter beschrieben Emanzipation als das, was Eva von Redecker »Weltwiederaufnahme« nennt.[50]

Während wir hier ein Gegenpol zu einer kapitalistischen Naturnutzung haben, die maßgeblich patriarchal geprägt ist, fehlen die weiblichen Stimmen in Levensteins Untersuchungen. Zwar drängte er ebenfalls auf Antworten von den Ehefrauen der befragten Arbeiter. Doch dieser »Appell an die Arbeiterfrau«, wie er es nannte, endete aus seiner Sicht in einem »Fiasko«. Seine Schlussfolgerung, dergemäß »die Arbeiterfrauen nicht allzu tiefes Verständnis für die Fragebogen dokumentierten«, offenbart einen tiefsitzenden Sexismus.[51] Wenn wir einem Umweltschutz der 99% auf die Spur gehen wollen, müssen wir die Reduktion der emanzipatorischen Subjekte auf weiße männliche Lohnarbeiter überwinden und ein inklusiveres Wir erfinden.

Umweltschutz muss intersektional sein

Wo ist dieses Subjekt zu finden, diese Klasse »mit radikalen Ketten«, an welcher das »Unrecht schlechthin« verübt wird, wie es der junge Marx 1843 formulierte und woraus sein Begriff des »Proletariats« geboren wurde?[52] Wo wird dieses Unrecht aktuell verübt, was ist das Leid, gegen das sich Menschen immer wieder auflehnen? Und gibt es zwischen unterschiedlichen Unterdrückungserfahrungen überhaupt noch etwas Gemeinsames und Verbindendes? In Bezug auf diese Fragen besteht aktuell wahrscheinlich die größte Orientierungslosigkeit.

Schon seit Jahrzehnten heißt es, das »Proletariat« sei nicht nur als politisches Subjekt des Sozialismus tot, sondern im industrialisierten Westen zudem derart konsumfixiert, dass es für eine radikale ökologische Transformation nicht zu gewinnen sei. Für den Ökosozialisten Bruno Kern müsse deshalb der Ökosozialismus gegen die Arbeitenden und Gewerkschaften der Industrien durchgesetzt werden. Im Kampf für eine nachhaltige Welt könne an die »unmittelbaren materiellen Interessen« der Arbeitenden nicht mehr angeknüpft werden.[53] Ihm bleibt somit nicht viel mehr übrig, als in erster Linie an die bestehenden staatlichen Institutionen sowie an die Menschen als Konsument*innen zu appellieren. Doch eine Strategie, die Arbeit und die arbeitenden Subjekte – auch jene des industriellen Nordens – nicht ins Zentrum einer ökologischen und sozialen Transformation stellt, ist zum Scheitern verurteilt.[54] Umweltzerstörung und Klimawandel sind Ursachen einer spezifischen Produktionsform. Die zum Schutz des Klimas und der Umwelt nötige gesellschaftliche Umgestaltung kann deshalb nur durch jene erfolgen, die in den Betrieben, Haushalten und Gemeinschaften Güter herstellen, Menschenleben pflegen und natürliche Zyklen aufrechterhalten.

Dabei darf Arbeit aber eben nicht nur als das verstanden werden, was der stereotypisierte weiße und männlich gelesene Industriearbeiter verrichtet. Es braucht eine Neubestimmung dessen, was Arbeit ist, wer sie verrichtet und wie diese Arbeit in einer anderen Gesellschaft organisiert werden soll. Innerhalb der historischen Arbeiterbewegung hat es diesbezüglich tatsächlich gefährliche Engführungen gegeben: Frauen, People of Colour, Arbeitslose, »Unqualifizierte« und Migrant*innen wurden immer wieder von Gewerkschaften ausgeschlossen und als Konkurrent*innen gesehen. Und Umweltschutz war für viele Linke ein »kleinbürgerliches« Anliegen, dem man sich, wenn überhaupt, erst im Sozialismus widmen müsse. Die Entstehung der modernen Arbeiterbewegung war somit auch immer ein Prozess des Ausschlusses von anderen subalternen Subjekten. Von Ausnahmen abgesehen galten ihr traditionelle Handwerker als romantisch verblendet, Bäuerinnen und Bauern als zurückgeblieben und primitiv, Frauen als triebgesteuert und hysterisch, People of Colour als unzivilisiert, dissidente Geschlechter und Sexualitäten als dekadent usw. Eine direkte Konsequenz davon war ein Kult der Industrie, der Produktivkräfte und Maschinen sowie der männlichen Herrschaft, als ob zwischen Beherrschung der Natur und zwischenmenschlichen Hierarchien kein Zusammenhang bestünde.

Parallel dazu war eine zunehmende Engführung gewerkschaftlicher Praxis zu beobachten. Vor allem seit der Nachkriegszeit konzentrieren sich die großen westlichen Gewerkschaften in erster Linie auf die Aushandlung besserer Arbeitsbedingungen und Löhne, vor allem für diejenigen, die in sogenannt »geregelten« Anstellungsverhältnissen arbeiten. Dabei geht vergessen, dass sich die Möglichkeit, ein gutes Leben zu führen, auch im Bereich der Gesundheits-, Wohnungs-, Verkehrs-, Landwirtschafts- und Ernährungspolitik, der Stadtplanung, der Möglichkeit politischer Mitbestimmung, der reproduktiven Rechte, der Anerkennung von geschlechtlicher Diversität usw. entscheidet. Wenn Gewerkschaften des globalen Nordens trotzdem ein Interesse für Umweltfragen entwickelten, geschah dies nicht zufällig im Zuge breiter gesellschaftlicher Mobilisierungen, durch welche sich der Horizont des Möglichen verschob, sowie dank einer breiten Konzeption des gewerkschaftlichen Engagements.[55]

Folglich reicht eine Wiederanknüpfung an den Internationalismus der klassischen Arbeiter*innenbewegung nicht aus. Es braucht einen anderen, intersektionalen Klassenbegriff und ein breites Verständnis des Kapitalismus. Die Widersprüche des Kapitalismus müssen auf einer viel grundlegenderen Ebene gesucht werden als im Verhältnis zwischen Lohnarbeit und Kapital: im Widerspruch zwischen der Produktion des Profits, die von einigen Wenigen kontrolliert wird, und den körperlichen, geistigen und sozialen Bedürfnissen der 99%, die unter diesen Umständen nicht erfüllt werden können. Der Kapitalismus ist nicht nur krisenhaft, weil er zu Überproduktion tendiert, massenhaft Abfall produziert, Löhne senkt und Arbeitsbedingungen verschlechtert, sondern weil er die Produktion des Lebens beeinträchtigt und dabei seinen Hunger nur durch »externe«, nicht der Lohnarbeit einverleibte Bedingungen stillen kann.

Es ist vor allem der feministischen und antirassistischen Bewegung und Kritik zu verdanken, diesen fundamentalen Widerspruch des Kapitalismus wieder ins Zentrum der politischen Aufmerksamkeit gestellt zu haben. Vertreter*innen der Theorie der Sozialen Reproduktion etwa haben den Arbeitsbegriff ausgeweitet, um auch die reproduktiven Tätigkeiten einzubeziehen – egal, ob sie im Haushalt oder anderswo, von Lohnarbeitenden oder unbezahlten Arbeiterinnen geleistet werden. Sie erweiterten das marxistische Modell, indem sie nicht nur fragten, wer die Güter und Dienstleistungen produzierte, sondern auch, von wem und wie die lohnarbeitenden Menschen produziert werden. Damit der Kapitalismus fortbestehen kann, braucht es eine gesellschaftliche Infrastruktur, durch die Körper und Geist der Arbeitenden reproduziert werden. Ohne eine Kontrolle über diese reproduktiven Tätigkeiten und eine Abwertung derselben kann der Kapitalismus nicht fortbestehen.

Marx und viele Marxist*innen mit ihm haben auf eine zunehmende soziale und politische Homogenisierung der Lohnabhängigen gesetzt. Diese »soziologische Wette«, wie Daniel Bensaïd es nannte, ging allerdings verloren. Marxistische Feminist*innen und Antirassist*innen zeigten vielmehr, dass es so etwas wie einen abstrakten Kapitalismus, in dem sich nur Lohnabhängige und Kapitalisten gegenüberstehen, nicht gibt. Der Kapitalismus existiert nur in der Geschichte, als konkrete gesellschaftliche Formation, die weder *colour blind* noch geschlechtsblind ist. Dementsprechend sind auch feministische und antirassistische Kämpfe für eine gesellschaftliche Kontrolle über diese reproduktiven Tätigkeiten und größere Selbstbestimmung über die Körper integrale Bestandteile der sozialen Auseinandersetzungen im Kapitalismus.

Diese feministische und antirassistische Kritik stellt Marx regelrecht vom Kopf auf die Füße. Während Marx den Kapitalismus in erster Linie als abstrakten Gleichmacher dachte und darin die Bedingung für die Einheit des Proletariats sah, gehen diese Denktraditionen im Gegenteil von der Differenz der Unterdrückten aus, nicht, um diese Unterschiede zu verfestigen, sondern um davon ausgehend eine konkrete »Transversalisierung« der Unterdrückungserfahrungen vorzubereiten.[56] Damit sich Frauen und People of Colour emanzipieren können, braucht es nicht *zusätzlich* zu den feministischen und antirassistischen Kämpfen noch einen Klassenkampf. Der Kampf um Selbstbestimmung der Frauen und People of Colour *ist* Teil des Klassenkampfes. Jeder Kampf, der menschliche Bedürfnisse vor den Imperativ der Kapitalakkumulation stellt, ist Klassenkampf. Klassenkampf ist eine soziale Auseinandersetzung über die Kontrolle des *Lebens*.[57] Wobei mit Leben natürlich nicht nur das physische Überleben gemeint ist. Außerdem ist dieses Leben nicht nur menschlich. Menschliche Freiheit und Selbstbestimmung hängen von sozialen und materiellen Grundlagen ab, mit denen wir unser kollektives Leben produzieren. Dazu gehören selbstverständlich auch Ökosysteme. Ökofeminist*innen haben gezeigt, dass Umweltkämpfe als Kämpfe um soziale Reproduktion verstanden werden können, und dass umgekehrt Kämpfe um soziale Reproduktion als Teil des Umwelt- und Klimaschutzes verstanden werden müssen. Für sie ist die Umwelt also nicht etwas Abstraktes, das es aufgrund ästhetischer Werte zu schützen gilt. Umwelt ist eine »Alltäglichkeit«: die Luft, der Boden, die Ernährung oder das Wasser, die wir alle benötigen, um zu überleben.[58]

Indem er die Interdependenzen zwischen den Menschen sowie zwischen Mensch und Natur hervorhebt, stellt der Ökofeminismus eine andere Rationalität in den Mittelpunkt. Er legt das Augenmerk auf pflegende Formen der Arbeit und fördert einen Sinn für Interdependenzen, Gemeinschaften und Kooperation.[59] Das als weiblich kodierte Prinzip der Sorge wird dadurch als universell definiert, was aber keineswegs heißt, dass es auf angeblich angeborene Wesensmerkmale der »Frau« zurückgeführt wird. Gegen gewisse essentialisierende und romantisierende Ausprägungen des Ökofeminismus gilt es zu unterstreichen, dass diese nicht-kapitalistischen Werte und Lebensformen weder angeboren noch absolut »rein« und frei von patriarchalen und kapitalistischen Elementen sind. Dennoch zeigt die (öko)feministische Kritik, dass es Lebensbereiche gibt, in denen Menschen nach anderen, nicht-ökonomischen Idealen wie etwa einer Logik der Sorge handeln. Durch soziale Kämpfe können Akteur*innen diese Ideale auch für andere Lebensbereiche einfordern und dadurch die sich ausbreitende kapitalistische Vernunft herausfordern.[60] Vor allem in Lateinamerika konnten auf diese Weise fruchtbare Verbindungen zwischen feministischen und ökologischen Anliegen hergestellt werden.[61]

In solchen Kämpfen wird der Kapitalismus demnach nicht nur kritisiert, sondern die Akteur*innen stehen auch für andere Formen des Zusammenlebens zwischen Menschen untereinander sowie zwischen Menschen und ihrer Umwelt ein. Dank der Kämpfe gegen die Logik der Akkumulation können alternative Formen des Miteinanders, der Kommunikation oder der Sorge um Mitmenschen und die Natur sichtbar gemacht, gepflegt oder neu erfunden werden. Solche sozialen Auseinandersetzungen sind deshalb Momente, an denen Subjekte ihren Gehorsam verweigern und andere Werte des Zusammenlebens einfordern. Das ist das, was autonome Marxist*innen »self-valorization« nennen, also die Fähigkeit von kämpfenden Subjekten, sich zeitliche und räumliche Freiräume zu verschaffen, wo andere Formen des Handelns und der Beziehungen erprobt werden können.[62]

Auf diese Weise kann der *class bias* des Umweltschutzes aufgebrochen werden. Noch allzu häufig wird der Umweltschutz durch Werte und Lebensformen geprägt, die vor allem den wirtschaftlich und gesellschaftlich Privilegierten zugänglich sind. Es geht also nicht nur darum, von oben herab andere Subjekte zu adressieren, sie auf elitäre Weise von den Vorteilen einer »ökologischen« Lebensweise zu überzeugen. Es gilt auch zu verstehen, dass Umweltkämpfe nicht nur dort stattfinden, wo Menschen denselben bildungsbürgerlichen Umweltdiskurs pflegen. Ein »Umweltschutz der Armen«[63], wie es der Ökonom Joan Martínez Alier nennt, kann auch dort stattfinden, wo Menschen gegen die Marginalisierung ihrer Stadtteile, gegen Polizeigewalt und Ausgrenzung kämpfen, wo sie ganz allgemein für eine größere Selbstbestimmung über ihre Leben einstehen.[64] Umweltschutz der 99% bedeutet somit vor allem, eine nachhaltige Welt von den real stattfindenden Kämpfen aus zu denken, was auch heißt, die handelnden und Widerstand leistenden Menschen ernst zu nehmen.

Deshalb ist das Wir des Umweltschutzes der 99% keine abstrakte Menschheit, sondern das Resultat von Kämpfen, in denen unterschiedliche Subjekte das Gemeinsame ihrer Begehren suchen. Die Aussage »Wir sind die 99%« möchte ich dabei nicht als empirische Feststellung eines bereits bestehenden politischen Kollektivs verstanden wissen, sondern als performativen Slogan, der die Wünschenswertigkeit von Allianzen ausdrückt. Dass Sexismus, Rassismus, Klassismus und umweltzerstörerisches Verhalten in vielen Bevölkerungsschichten existieren, möchte ich keineswegs abstreiten. Ich sehe diese gesellschaftliche Realität aber auch nicht als unabänderlich an. Gerade die Umweltfrage könnte einen Hebel darstellen, um diese alltäglichen und strukturellen Formen der Unterdrückung durch emanzipatorische Allianzen zu überwinden.

Denn die Folgen der Umweltzerstörung werden zwar auf unterschiedliche Weise von verschiedenen Menschengruppen erfahren. Doch trotz dieser Diversität sind sie allgegenwärtig. Umweltschutz der 99% geht von dieser Allgegenwart aus, um vielfältige, dissonante und ungleichzeitige Kämpfe zu verknüpfen. Das Ziel wäre, kollektiv das auszudrücken, was Verónica Gago in einer treffenden Formulierung »Ubiquität ohne Homogenität« nennt.[65] Damit ist ausdrücklich nicht gemeint, dass beispielsweise Feminismus oder Antirassismus gegenüber Umweltschutz zweitrangig seien, sondern vielmehr, dass Umweltschutz mehr ist als Schutz der Natur und immer auch antirassistisch und feministisch sein muss. Diese Praxis der Verknüpfungen darf auch nicht mit einem Pragmatismus verwechselt werden, der Forderungen und Alternativen verwässert, um (fast) alle anzusprechen. Gerade umgekehrt: Die Radikalität eines Umweltschutzes der 99% liegt genau darin, dass er unterschiedliche Erfahrungen der Unterdrückung zusammenbringt. Wenn Umweltschutz etwas mit sozialer Gerechtigkeit, mit einer Politik des Körpers, mit Antirassismus, mit Feminismus, mit dem Recht indigener Gemeinschaften auf Selbstbestimmung oder mit der Eigentumsfrage zu tun hat, bleibt nichts anderes übrig, als alles zu verändern.

Wir beginnen immer mittendrin

Dass dieser Versuch, einen Umweltschutz der 99% zu denken, die Form einer historischen Spurensuche im ausgehenden 19. und anbrechenden 20. Jahrhundert annimmt, mag allerdings erstaunlich klingen. Schließlich wurde die Deregulierung des Erdsystems erst seit einigen Jahrzehnten zu einem Gegenstand politischer Auseinandersetzungen. Außerdem sind die linken Traditionen der vergangenen zwei Jahrhunderte weitgehend aus dem kollektiven Gedächtnis verschwunden.

Auch in einigen aktuellen Umweltbewegungen macht sich dieses Verschwinden bemerkbar. So kommt die Historiografie des zivilen Ungehorsams, wie sie von einigen mediatisierten

Vertreter*innen von Extinction Rebellion wie Roger Hallam und Eva Ebenhöh vorgetragen wird, laut Andreas Malm einer regelrechten Geschichtsplättung gleich. Indem sie die Bewegung für das Frauenstimmrecht, den Kampf gegen die Apartheid in Südafrika oder die Bürgerrechtsbewegung in den USA fälschlich als absolut gewaltfrei bezeichnen, tilgen sie die Diversität von Protestformen und strategischen Ansätzen aus der Erinnerung.[66]

Wenn nun die linken Traditionen des 19. und 20. Jahrhunderts nur noch beschränkt als Orientierung dienen, hat dies natürlich auch seine Vorteile. Stimmen, die die Grausamkeiten des Realsozialismus schönreden, haben heute glücklicherweise einen schweren Stand. Zumal diese Gesellschaftssysteme teilweise eine schlimmere Umweltbilanz vorzuweisen haben als die westlichen Länder.

Außerdem hat auch der sozialdemokratische Friedensschluss mit dem Neoliberalismus zu einem schweren Glaubwürdigkeitsverlust dieser politischen Kräfte geführt. Wahrscheinlich deshalb wirken Ansätze, die sich aus dem herkömmlichen politischen Koordinatensystem herausnehmen möchten, überraschend anziehend. So sehen einige Intellektuelle im Klimawandel Anlass und Rechtfertigung dafür, in einem voluntaristischen Aufwasch die intellektuellen und politischen Traditionen der sogenannten »Moderne« allesamt beiseite zu fegen. Für den wohl einflussreichsten unter ihnen, den französischen Soziologen Bruno Latour, müssten wir uns deshalb ein für alle Mal von der Vergangenheit abwenden: »Lasst uns, *endlich*, der Vergangenheit den Rücken zukehren und unsere neuen Möglichkeiten erkunden«, ermahnt er seine Lesenden.[67] Sein Standpunkt, demgemäß Umweltschutz weder links noch rechts sein dürfe und wir uns »Verbündete bei jenen Leuten suchen müssen, die der einstigen Einteilung gemäß klar ›Reaktionäre‹ waren«,[68] lässt einen nicht nur erschaudern, sondern ist auch so alt wie der Umweltschutz selbst. Latours Schriften zeugen von einer abgehobenen Arroganz gegenüber vergangenen linken Suchbewegungen nach weniger ausbeuterischen Naturverhältnissen.[69] Umweltschutz der 99% muss aber zwingend linke Politik sein, wenn wir darunter die »normativen Ziele« verstehen, die Raul Zelik für eine linke Politik des 21. Jahrhunderts vorschlägt: Gutes Leben für alle, Solidarität, Demokratisierung, Feminismus, Antirassismus und eben Ökologie.[70]

Genau deshalb geht dieses Buch davon aus, dass Geschichte das einzige Mittel ist, »damit dieser unbeholfene Gang nach Zukunft trachten kann«, wie es Subcomandante Marcos ausdrückte.[71] Ich gehe mit Daniel Bensaïd davon aus, dass wir stets mittendrin stecken und in unseren Kämpfen für eine bessere Welt besser daran tun, die Fäden der Vergangenheit bewusst aufzunehmen, als sich von ihnen blind leiten zu lassen. Die historische Spurensuche ist somit mehr als nur ein Versuch, aus der Vergangenheit Lehren zu ziehen. Sie ist ein bewusst gewählter Umweg, um vergessene Pfade neu zu beschreiten und so eine reichhaltigere Kartografie der Linken zeichnen zu können.

Denn einerseits ist unsere aktuelle Gesellschaft in ihren Grundzügen dieselbe wie in den vergangenen Jahrhunderten. Noch immer ist es das Kapital mit seinem unstillbaren Hunger nach Profit, das Mensch und Natur beherrscht und ausbeutet. Unter diesen Umständen bleibt die antikapitalistische Linke, verstanden als heterogene Tradition, ein zentraler politischer Bezugspunkt für den aktuellen Kampf gegen die Umweltzerstörung. Trotz gegenseitiger politischer Anfeindungen waren sich die entstehenden sozialistischen, anarchistischen und kommunistischen Strömungen des 19. und frühen 20. Jahrhunderts über etwas einig: Die natürlichen, materiellen und sozialen Bedingungen, mit der sich eine Gesellschaft reproduziert, müssen kollektiv und demokratisch verwaltet werden. Hinter diesen Grundsatz gilt es bei der Erfindung neuer Utopien und Alternativen nicht zurückzufallen. Nur so sind ökologische Nachhaltigkeit und eine freie Entwicklung jeder*s Einzelnen gemeinsam zu haben.

Gleichzeitig – und dies ist die große Tragik der Geschichte – haben Kämpfe für Naturschutz und Kämpfe für soziale Gerechtigkeit nur allzu selten zusammengefunden. Das liegt nicht nur am Elitismus der Umweltbewegung. Ein großer Teil der Arbeiter*innenbewegung und der Linken hat die »Natur gewissermaßen als Maschine und den Menschen als Maschinenführer« betrachtet.[72] »Beide historischen Strömungen der Arbeiter*innenbewegung – die sozialdemokratischen und die kommunistischen Parteien – bieten keine Anknüpfungspunkte für emanzipatorische ökosozialistische Gesellschaftsveränderungen.«[73] Dies muss unverblümt und in dieser Deutlichkeit in Erinnerung gerufen werden.

Schon 1940 kritisierte Walter Benjamin die vulgärmarxistische Vorstellung von Arbeit, Natur und Fortschritt. Der Arbeitsbegriff der Sozialdemokratie »läuft auf die Ausbeutung der Natur hinaus, welche man mit naiver Genugtuung der Ausbeutung des Proletariats gegenüber stellt«,[74] hielt er auf der Flucht vor den Nazis fest. Emanzipation der Arbeitenden war für diese dogmatischen Marxist*innen nur mit einer zunehmenden Unterwerfung der Natur zu haben. Diese Ansicht kontrastierte Benjamin mit den vormarxistischen sozialistischen Utopien sowie auch mit Textpassagen von Marx selbst. Die »Phantastereien« der »utopischen Sozialisten«, die Marx und Engels ins Lächerliche gezogen hatten, offenbarten in Benjamins Augen einen »überraschend gesunden Sinn«. Denn sie träumten von einer aktiven Kooperation mit den Naturkräften und nicht von einer einseitigen Unterwerfung.

Benjamin zeigt uns: Die Zerstörung der Natur durch die Menschen wurde nicht von allen Linken des 19. und 20. Jahrhunderts akzeptiert – auch nicht von Marx.[75] Wenn wir die düstere Oberfläche einer fortschrittsbegeisterten und technologieverherrlichenden Linken aufkratzen, entdecken wir unterschiedliche Stimmen, die nicht nur eine andere Beziehung zwischen den Menschen, sondern ebenfalls kooperative Verhältnisse zur Natur forderten. Eine kollektive und demokratische Verwaltung der Bedingungen der Produktion war für sie Grundvoraussetzung für einen sorgfältigen Umgang mit den natürlichen und sozialen Bedingungen des Zusammenlebens. Deshalb wurde an einem Kongress der Ersten Internationale im Jahr 1868 auch Folgendes zu Protokoll gegeben. »Die Übergabe der Wälder an Einzelpersonen führe zu einer Zerstörung der Wälder«. Diese Zerstörung wiederum »gefährde den Schutz der Quellen und dadurch die gute Qualität der Böden sowie die öffentliche Hygiene und das Leben der Bürger.«[76]

Benjamin folgend stellt diese Spurensuche einen Versuch dar, diese unterdrückten, verunglimpften, auf den Müllhaufen der Geschichte geworfenen Fragmente vor dem Vergessen zu retten. Sie verfolgt das Ziel, eine Vielfalt offenzulegen, die in den Geschichten tapferer Streikbewegungen und Revolutionen allzu oft vergessen geht – so wichtig solche Geschichten auch sind. Die hier unternommene Spurensuche bricht nicht nur mit der neoliberalen Alternativlosigkeit, indem sie die Aktualität vergangener Träume nach einer gerechteren und solidarischeren Welt hervorhebt. Sie bürstet zugleich auch vorherrschende linke Geschichtserzählungen gegen den Strich, indem sie sich von den gut gepflasterten Wegen heroischer Arbeiterkämpfe und siegreicher Theorien entfernt, um andere Pfade zu entdecken.

Deshalb gehe ich in diesem Buch ganz bewusst mehrheitlich dort auf die Suche, wo ein an Marx geschulter Aktivist es normalerweise nicht tun würde: beim Anarchismus. Ganze Generationen von Marxist*innen haben den Anarchismus systematisch ins Reich der weltfremden Utopien verbannt. Im Lichte der Umweltkrise erhalten solche Utopien aber eine drängende Aktualität, die dadurch verstärkt wird, dass in vielen Umweltbewegungen der Gegenwart libertäre Praktiken und Ideen großen Anklang finden. Wenn jetzt anarchistische Akteur*innen im Mittelpunkt stehen, heißt das allerdings nicht, dass nun Marx auf dem Müllhaufen der Geschichte zu entsorgen wäre – ganz im Gegenteil. Nicht einmal, dass der Anarchismus nun die besten Lösungen bereithalten würde, was und wer auch immer mit *dem* Anarchismus gemeint ist. Wie auch schon Michael Löwy und Olivier Besancenot schrieben, geht es hier nicht darum, alte und nicht enden wollende Debatten »zu entscheiden«,[77] oder um strategische Leitfragen wie: Partei oder nicht, proletarischer Staat oder Kommune, Repräsentation oder direkte Demokratie, Wahlkampf oder Propaganda der Tat. Solche Fragen sind keineswegs unwichtig. Sie sind sehr wohl zentral und müssen von Aktivist*innen beantwortet werden in theoretischen und praktischen Suchbewegungen. Nur bin ich davon überzeugt, dass sich scharfsinnigere Antworten darauf finden lassen, wenn uns allen eine breitere und vielfältigere Tradition zur Verfügung stünde.

Deshalb ist dieses Buch vor allem ein Beitrag, damit sich Linke, Klimabewegte, Umweltschützer*innen und Antikapitalist*innen eine neue gemeinsame Tradition erfinden können. Ein solches Unternehmen könnte dazu beitragen, doktrinäre Strukturen zu durchbrechen und alte »Synthesen« wiederzuentdecken sowie neue zu erfinden.[78] Dass Neuerfindung und Tradition einander nicht widersprechen, können wir vom peruanischen Marxisten José Carlos Mariátegui lernen. »Revolutionäre gehen nie so vor, als ob die Geschichte mit ihnen beginnen würde.«[79] Anders als für konservative Traditionalisten bedeutete Tradition für Mariátegui weder »Museum noch Mumie«. Tradition war für ihn etwas Lebendiges, das in den gegenwärtigen Kämpfen weiterlebt, das stets neu erfunden werden muss und vor Widersprüchen und Inkohärenzen nicht zurückschrecken darf. Eine revolutionäre Tradition war für ihn immer auch Widerstand gegen doktrinäre und rechthaberische Strukturen. Sie war für ihn »vielleicht etwas subjektiv, aber animiert und lebendig«. Tradition war Widerstand gegen die herrschende Ordnung der Dinge, ein Weg, sich nicht unterkriegen zu lassen, auch wenn die Aussichten schlecht waren. Es handelte sich um ein gespanntes Warten darauf, dass sich die Möglichkeit einer anderen Welt wieder im Hier und Jetzt einnistet. In einer solchen aktiven Erwartung und dem praxisbezogenen Erfinden eines Umweltschutzes der 99% täte es uns allen gut, die Mechanismen der Gewohnheit abzulegen und unsere Sinne neu zu schärfen. Denn auch das Neue kommt nie von dort, wo wir es erwarten: »Gewohnheiten abzulegen, heißt, sich immer wieder in Erstaunen zu versetzen. Es heißt einwilligen, dass man überrascht wird.«[80]

So soll dieses Buch viel eher überraschen, den Sinn für noch uneingelöste Versprechen und Hoffnungen schärfen, als vorgefertigte politische und strategische Antworten zu geben. Es soll keine abgeschlossene und kohärente Theorie, kein fertiges Rezept und auch keine Blaupause für die Kämpfe für heute und morgen liefern. Es soll vielmehr verschiedene Ansätze, Suchbewegungen und Träume miteinander verweben, damit die Konturen eines intersektionalen und klassenkämpferischen Umweltschutzes der 99% sichtbar werden. Die theoretische und zeitliche Dezentrierung, die in diesem Buch gesucht wird, soll auch eine geografische sein. So nehme ich als Ausgangspunkt einen anarchistischen Aktivisten und Schriftsteller, der Anfang des 20. Jahrhunderts in Buenos Aires – damals eine Hochburg des globalen Anarchismus – lebte. Sein Name war Pierre Quiroule, und er stand für einen breiten Solidaritätsbegriff, der auch Tiere und »natürliche Schönheiten« mit einbezog. Obwohl er für Einige als »erster Umweltschützer Argentiniens« in die Geschichte einging, soll hier nicht sein Denken im Mittelpunkt stehen. Vielmehr lassen sich in seiner Person und seinem Denken verschiedene Geschichten auf lehrreiche Weise verbinden. So lernen wir einen britischen Sozialisten (Edward Carpenter) kennen, der in den 1890er Jahren Arbeiter*innen seiner Stadt zum Kampf gegen die Luftverschmutzung animieren wollte; einen kubanischen Unabhängigkeitskämpfer (Maximiliano Tornet), der Ende der 1880er Jahre in Südspanien zum Anführer eines ökologischen Arbeitskampfes wurde; einen Sklaven (Joseph Cinques), der sich gemeinsam mit Mitgefangenen selbst von der Unterdrückung befreite und dem Pierre Quiroule Jahrzehnte später eine unwahrscheinliche Ehre erwies. Wir schließen auch Bekanntschaft mit einer Anarchistin und Feministin (Louise Michel), die die Brutalität des französischen Kolonialismus mit eigenen Augen sah und anarchistische Pädagogik als Mittel entdeckte, andere Beziehungen zur Natur zu knüpfen. Wir folgen den Spuren einer kleinen Gruppe von Antiautoritären (unter anderem Gustave Lefrançais, Jules Montels oder Nicolas Joukovsky), die im Genf der 1870er Jahre die kollektive Nutzung und Pflege der Ressourcen auch aus ökologischen Erwägungen rechtfertigte. Und schließlich erfahren wir von einem mexikanischen Anarchisten (Ricardo Flores Magón), der seine Mitstreiter*innen auf der ganzen Welt davon zu überzeugen versuchte, dass selbstverständlich auch Indigene zum Kommunismus fähig sind, und so eine Welt imaginierte, in der viele Welten Platz haben.

Teil 2

ZUKUNFTSTRÄCHTIGE VERGANGENHEITEN

1

Solidarität mit der Natur. Oder: Weshalb Utopien wichtig sind

Oder wissen Sie? Ich habe manchmal das Gefühl, ich bin kein richtiger Mensch, sondern auch irgendein Vogel oder ein anderes Tier in Menschengestalt; innerlich fühle ich mich in so einem Stückchen Garten wie hier oder im Feld unter Hummeln und Gras viel mehr in meiner Heimat als – auf einem Parteitag. Ihnen kann ich ja wohl das alles sagen: Sie werden nicht gleich Verrat am Sozialismus wittern. Sie wissen, ich werde trotzdem hoffentlich auf dem Posten sterben: in einer Straßenschlacht oder im Zuchthaus. Aber mein innerstes Ich gehört mehr meinen Kohlmeisen als den ›Genossen‹.

Rosa Luxemburg an Sonja Liebknecht, 1917

Utopien standen schon immer von verschiedenen Seiten unter Beschuss. Zum einen gelten radikale Gesellschaftsutopien seit den Arbeiten des Umweltphilosophen Hans Jonas als Inbegriff menschlicher Allmachtsfantasien und Maßlosigkeit – als Traum der Menschen, sich vollständig von den Schranken der Natur lossagen zu können.[81] Denker wie Bruno Latour haben diesen Gedanken weitergesponnen und antikapitalistische Alternativen als ökologisch gefährlich abgetan.[82]

Zum anderen haben Utopien auch im Marxismus und Anarchismus teilweise einen schweren Stand. Sie gelten als problematischer Versuch, die neue Gesellschaft auf dem Reißbrett entwerfen zu wollen, jenseits konkreter Kämpfe. Jedoch hat sich gezeigt, dass ein Bruch mit dem Kapitalismus nicht notwendigerweise einen nachhaltigen Umgang mit der Natur mit sich bringen wird. Die katastrophale Umweltbilanz der »realsozialistischen« Länder bezeugt dies zu Genüge. Die »vernünftige Regelung des Stoffwechsels mit der Natur«, die Marx anstrebte, ist nicht das automatische Ergebnis einer gesellschaftlichen Aneignung der Produktionsmittel, wie er dies in einigen seiner Schriften nahelegt. An dieser Stelle wird ihm seine Skepsis gegenüber Utopien womöglich zum Verhängnis. Wer nicht konkret über alternative Gesellschaftsformen nachdenken möchte, übersieht tendenziell die grundlegende Veränderung von Werten und Lebensformen, die zum Aufbau von pflegenden Beziehungen zur nicht-menschlichen Natur nötig sind. Es braucht eine kollektive Bereitschaft und Fähigkeit der Menschen, kooperative, d.h. nicht ausbeuterische Verhältnisse mit der nicht-menschlichen Natur einzugehen. Diese ergibt sich nicht von selbst aus den aktuellen Kämpfen. Eine neue Ethik der Vorsicht und Solidarität mit allem Lebenden muss schon im Hier und Jetzt mithilfe einer alternativen Vorstellungswelt gestärkt und entwickelt werden.

Eben deshalb sind Utopien wichtig. Denn sie sind nicht nur weltfremde Gedankenspiele, sondern können auch dazu dienen, »unsere Phantasie zu trainieren«.[83] Wie der Ökosozialist Michael Löwy schreibt: »Wie könnte man die zunehmende Verschmutzung der Umwelt aufhalten, wenn nicht durch den Bruch mit einer ökonomischen Logik, die ausschließlich das Gesetz des Marktes, des Profits und der Akkumulation kennt? Wie also – ohne ein *utopisches* Projekt der sozialen Transformation, welche die Produktion außerökonomischen Kriterien unterwirft, die auf demokratische Weise von der Gesellschaft gewählt wurden? Und wie könnte man sich ein solches Projekt vorstellen, ohne eine neue Haltung zur Natur als eines seiner Hauptprinzipien zu betrachten?«[84] An vernünftigen, von der Wissenschaft belegten Argumenten gegen das umweltzerstörerische *business as usual* fehlt es aktuell nämlich nicht. Die Frage ist vielmehr, ob Menschen in einer Zeit fehlender Hoffnung und Utopien die Energie aufbringen, um für eine andere Zukunft zu kämpfen.[85]

Zwischen 1922 und 1925 tauschten sich der in Buenos Aires lebende Anarchist Pierre Quiroule und der inoffizielle Archivar und Historiker der anarchistischen Bewegung, Max Nettlau (1865–1944), brieflich aus. Als unermüdlicher Sammler von anarchistischen Publikationen und Autor verschiedener Biografien sowie einer siebenbändigen, aber nie vervollständigten »Geschichte der Anarchie« war Nettlau stets am Austausch mit Genoss*innen interessiert, um sich über die politische Situation in den jeweiligen Ländern auf dem Laufenden zu halten, Publikationen zu bekommen und seine Briefkontakte über die Arbeiter*innenbewegung und die libertäre Propaganda und Agitation auszufragen.

Im Austausch mit Pierre Quiroule ging es aber nicht nur um Streiks, Aufstände, Gefängnisaufenthalte oder den Verrat von ehemaligen Genoss*innen, wie das in Briefwechseln solcher Art häufig der Fall war.[86] Irgendwann im Jahr 1922 wendete sich die Korrespondenz dem Thema der »Solidarität mit den Tieren« zu. Ausgangspunkt dieser Diskussion war, dass Nettlau seinem argentinischen Briefkontakt eine Broschüre des berühmten Anarchisten und Geografen Elisée Reclus (1830–1905) empfahl. Um welchen Text es sich genau handelte, ist dem unvollständig erhaltenen Briefwechsel nicht zu entnehmen. Wir wissen aber, dass Reclus in zahlreichen Publikationen die Mensch-Tier-Beziehungen behandelte, so etwa in einer Publikation aus dem Jahr 1897, die den Titel *La Grande Famille* [die große Familie] trug. Darin wendete sich der Autor gegen eine allzu einseitige Interpretation der »zivilisatorischen« Fortschritte moderner kapitalistischer Gesellschaften. Reclus gestand zwar bereitwillig ein, dass es mit den neuen Transportmitteln oder den modernen Wissenschaften zweifellos große Fortschritte gegeben habe. Rückschritte wie jene im Bereich der menschlichen Beziehungen zu den Tieren dürften aber nicht vergessen werden:

»Die Tierwelt, von der wir abstammen und die unsere Lehrerin war in der Kunst der Existenz, die uns das Jagen und Fischen, die Kunst uns zu heilen und uns Behausungen zu bauen, die Praxis des gemeinsamen Arbeitens, jene des Zähmens beibrachte, ist uns fremder geworden. Während wir in Bezug auf die Tiere heute von Erziehung und Domestizierung im Sinne der Unterwerfung sprechen, dachte der Primitive brüderlich an Vereinigung.«[87]

In nicht-modernen Gesellschaftsformen – den »primitiven« Gesellschaften, wie es Reclus nannte – waren Tiere Teil des menschlichen Kollektivs. So sprach er auch von »Republiken«, zu denen ebenfalls die Tiere gehörten. Nutztierhaltung und Zucht wären damals eine Praxis der Zusammenarbeit gewesen, in der die Menschen die Tiere erzogen und zähmten, aber auch selbst von den Tieren lernten. Hingegen sei in modernen Gesellschaften dieses Zusammenspannen untergegangen und habe einer einseitigen Beherrschung der Tiere Platz gemacht. Tiere würden nur noch gezüchtet, um möglichst viel Fleisch zu gewinnen, wodurch ihre Körper verstümmelt und geschwächt würden, bis sie ihre körperliche Widerstandsfähigkeit verlören. Weiter erwähnte Reclus die drohende Ausrottung von Tieren wie Walen, Bisons, Rhinozerossen und Elefanten.[88] Der Geograf hoffte deshalb auf eine Gesellschaft der gegenseitigen Hilfe und der Solidarität, die auch die Tiere miteinbeziehen soll. Dass sich die modernen Menschen dabei von den »nicht-zivilisierten« Gesellschaften inspirieren lassen können, bedeutete für ihn allerdings nicht, dass er in die Vergangenheit zurückkehren und die Errungenschaften der Moderne allesamt über Bord werfen wollte.

In anarchistischen Kreisen des ausgehenden 19. Jahrhunderts waren die Kritik an der Unterdrückung von Tieren sowie die Befürwortung des Vegetarismus weit verbreitet. Das rührte auch daher, dass die meisten Anarchist*innen keine scharfe Grenze zwischen Mensch und Tier zogen, sondern stets auch die Kontinuitäten zwischen allen Lebewesen hervorhoben. Der Anarchist Charles Gide (1847–1932) sprach deshalb von den Tieren als einer Klasse vergessener Arbeiter. Während die bürgerliche Tierschutzbewegung der zwischenmenschlichen Ausbeutung keinerlei Aufmerksamkeit schenkte, zogen die Anarchist*innen Parallelen zwischen der Ausbeutung der Proletarier*innen und der Ausbeutung der Tiere.[89] Die Anarchistin Louise Michel schrieb in ihren Memoiren: »Von der Zeit, da ich auf dem Land die Grausamkeiten gegen die Tiere erlebte und das entsetzliche Bild ihrer Lebensbedingungen erfaßte, stammt mein Mitleid für sie und dadurch mein Bewußtsein über die Verbrechen der Macht.«[90]

Selbst wenn er sich in öffentlichen Publikationen nie dazu geäußert hat, teilte auch Nettlau diese Sorge um das Leid der Tiere. Als passionierter Finkenzüchter hinterließ er dem Internationalen Institut für Sozialgeschichte in Amsterdam eine dicke Akte mit Skizzen und Studien über das Verhalten seiner Vögel. In einem seiner Briefe schrieb er wie selbstverständlich in einer Nebenbemerkung: »Die Vögel denken wie Sie und ich.«[91] Weitere mehrere hundert Seiten dicke Dossiers aus Nettlaus Archiv beinhalten unzählige Zeitungsartikel und Ausschnitte aus Fachzeitschriften zum Thema Naturschutz und Vegetarismus. Zeitungsausschnitte mit Titeln wie »Die befiederten Opfer der Mode«, »Das Gesellschaftsleben der Ameisen«, »Die Tiere als Propheten«, »Wie Fischadler gefoltert werden« oder »Die Intelligenz der Blumen« sind darin zu finden. In einem Ausschnitt dieser Art steht Folgendes:

»Wahrscheinlich werden die Männer und Frauen künftiger Generationen mit Schrecken und Erstaunen auf die Gegenwart blicken. Wir lassen unsere Kinder nicht nur zu Hunderten jede Woche aufgrund von Sorglosigkeit und Unachtsamkeit umkommen; wir lassen nicht nur unsere Vögel zu Tausenden töten; wir lassen nicht nur unsere Tiere foltern und in Stücke zerhacken für einen leeren Traum und ein törichtes Bestreben; wir lassen nicht nur zu, wie die Leben einer großen Menge von unseren Armen zermalmt werden und verwelken wie tote Blätter unter einer grauenhaften Unterdrückung, wir tolerieren auch, dass unsere Männer und Frauen unter Bedingungen und in Berufen arbeiten, welche ihre Existenz verkümmern lassen [...]. Statt kluge Gesetze zu erlassen, um Leben und Schönheit zu retten, verabschieden wir unvernünftige Gesetze, welche die Zerstörung erlauben, und dann erwarten wir törichterweise von den Männern und Frauen, dass sie glücklich und ihre Werke nobel und schön sein sollen.«[92]

Auch Quiroule sah die Dinge sehr ähnlich. Er musste zwar eingestehen, dass er den fraglichen Text von Reclus nie gelesen habe, doch könne er der Forderung nach solidarischen Beziehungen mit den Tieren nur zustimmen – und fügte sogleich eine interessante Präzisierung an: »Ich würde diese Solidarität sehr gerne auf die Pflanzen und alle Naturschönheiten des Globus ausweiten, die der Kapitalismus nicht selten verunstaltet und zerstört, wenn es in seinem Interesse liegt.«[93]

Was Quiroule hier forderte, war keineswegs harmlos. Mit dieser Anmerkung ließ er nämlich Solidarität – ein Grundbegriff des revolutionären und anarchistischen Vokabulars – in alle Richtungen aufsprengen. Nicht mehr nur die Entrechteten aller Länder sollten sich Quiroule zufolge verschwistern. Wenn die klassische Arbeiter*innensolidarität aus der Erkenntnis abgeleitet wurde, dass alle Werktätigen einer Schicksalsgemeinschaft zugehören, dann bedeutet Quiroules Ausweitung des Solidaritätsbegriffs auch die Einsicht, dass das Leben der Menschen ganz grundlegend in einem Abhängigkeitsverhältnis zur Natur steht. Freie Entfaltung jeder*s Einzelnen war für ihn nur möglich, wenn die Interdependenzen zwischen den Menschen sowie zwischen Mensch und Natur anerkannt werden. Er deutete dadurch eine Ethik der Verantwortung gegenüber der nichtmenschlichen Natur an, die zugleich radikal antikapitalistisch war – eine »bio-kosmische Solidarität«,[94] die Freiheit als selbstbestimmte Verwurzelung in der Natur dachte. Freiheit war somit kein einseitiges Losreißen von den Schranken und Grenzen der Natur, sondern ein aktives, kooperatives, in Analogie zu den zwischenmenschlichen Beziehungen gedachtes Zusammenspannen. Auch für Quiroule waren Freiheit und Autonomie »selbstbestimmte Abhängigkeit«, wie es Bini Adamczak in einem anderen Zusammenhang sehr treffend formuliert.[95]

Kritik der agrarischen Exportwirtschaft

Quiroule hatte auch gleich ein Beispiel aus seinem Umfeld zur Hand, um Nettlau die kapitalistische Naturzerstörung zu veranschaulichen:

»Der Rio de la Plata und seine Ufer, so breit wie ein Meer, vormals bewaldet, wo das Volk sich sonntags von der Ermüdung der Woche erholte, wurden dummerweise aufgeschüttet, um für Hafendocks und -becken für große Transatlantikdampfer zu dienen, und dadurch wurde die freie Sicht auf den Fluss genommen und der Zugang dazu abgesperrt, sodass wir der einzigen kostenlosen Naturannehmlichkeit dieser Stadt beraubt wurden [...].«[96]

Der Bau eines für große Dampfer zugänglichen Hafens hat Quiroule zufolge ein Naherholungsgebiet für die Armen Buenos Aires' zerstört. Somit war Naturzerstörung für ihn auch eine Klassenfrage, denn die Reichen und Mächtigen konnten sich aufgrund ihres Geldes und der ihnen zur Verfügung stehenden Zeit auch anderswo Zugang zu einer schönen und erholsamen Natur verschaffen. Gleichzeitig war die Zerstörung der bewaldeten Flussufer laut Quiroule Produkt einer spezifischen wirtschaftlichen Entwicklung Argentiniens. Der Hafen, auf den Quiroule in diesem Brief hinweist, war mehr als nur ein städtebauliches Element unter anderen. Es handelte sich hierbei vielmehr um ein architektonisches Prunkstück einer Stadt, die sich als Metropole des südamerikanischen Kontinents verstanden wissen wollte.

Schon gut vierzig Jahre vor Quiroules Brief war der Bau eines neuen Hafens für Buenos Aires heftig und kontrovers diskutiert worden. Es war die Zeit, in der sich die politische Ordnung Argentiniens rund um einen modernen Staat und eine vom Export lebende Großbourgeoisie zu stabilisieren begann. Die in den 1870er Jahren vollendete »Befriedung« der »Wüste« – wie das argentinische Hinterland abschätzend genannt wurde – legte den Grundstein für eine Integration der Regionen in einen Nationalstaat mit klar definierten geografischen Grenzen. Opfer dieser Politik waren in erster Linie die Indigenen, die mit rücksichtslosen militärischen Kampagnen massakriert und vertrieben wurden. So konnte sich die herrschende Elite als Vertreterin einer europäischen »Zivilisation« gebaren, die der angeblich zurückgebliebenen »Barbarei« des Inlandes erfolgreich die Stirn geboten hatte. Ein durch das ausländische, vor allem britische, Kapital vorangetriebener Exportboom setzte ein, der Argentinien zu einem zentralen, wenn auch den kapitalistischen Zentren untergeordneten Teil einer internationalen Arbeitsteilung machte. Zwei Exportzweige prägten nunmehr die ökonomische Entwicklung: Zum einen die Landwirtschaft, die dank der fruchtbaren Böden in der argentinischen Pampa sowie neuen Anbaumethoden und -technologien von 5% der Exporte im Jahr 1880 zu einem Exportanteil von 50% im Jahr 1914 anwuchs. Zum anderen die Vieh- und Fleischwirtschaft, die mit der Landwirtschaft eng verknüpft war. Zwar waren schon ab Mitte des 19. Jahrhunderts Wolle, Leder und getrocknetes Fleisch wichtige Exportgüter. Doch erst mit dem Aufkommen von Kühltechnologien konnte die argentinische Viehwirtschaft an den boomenden internationalen Fleischmarkt angebunden werden. Dank der Schlachthöfe, der Gefrierunternehmen und Kühlschiffe musste das Vieh nicht mehr lebendig verschifft werden. Dies wurde um 1900 schließlich zu einer ökonomischen Notwendigkeit, nachdem Großbritannien den Import von lebenden Tieren aufgrund des Auftretens der Maul- und Klauenseuche in Argentinien untersagt hatte. Nun konnte es direkt in der argentinischen Küstenregion verarbeitet, auf Kühlschiffe verladen und nach Großbritannien oder Kontinentaleuropa verkauft werden. Wie auch in anderen Ländern war die argentinische Fleischindustrie ein zentrales Versuchsfeld für durchrationalisierte Arbeitsabläufe, also einer wissenschaftlichen Verwaltung und Unterwerfung von arbeitenden Körpern und zu schlachtenden Tieren.[97] Elisée Reclus, der Südamerika in den 1890er Jahren bereiste, konnte die Situation in einer Pökelfabrik im argentinischen Nachbarland Uruguay direkt beobachten. Solche Fleischverarbeitungsfabriken verloren mit den Kühltechnologien zwar an Bedeutung, sie waren dennoch Orte einer durchorganisierten Produktion, wie Reclus' Beschreibung eindrücklich zeigt:

»Eine ausgeklügelte Arbeitsteilung und perfekte Werkzeuge regulieren das Massaker: die Tiere kommen auf den Vorplatz des Schlachthofs und auf alle fällt die fatale Schlinge, deren Ende in einem dampfbetriebenen Schraubstock festgehalten wird; das Rind wird durch einen engen Durchgang gezogen und kommt vor dem Schlächter zu stehen; für einen kurzen Moment stößt sein Kopf auf eine Holzwand, und der Schlag fällt auf ihn nieder und zerschlägt das Rückenmark. Die zuckende Masse fällt auf einen Eisenwagen, der schrittweise vor die Arbeiter rollt, Köpfeschneider, Enthäuter, Ausbluter, Zerschneider, und schon bald hängt das noch zuckende Fleisch an einem Haken an der Fabrik, oder man wirft es in die Dampfkessel, wo Fett und Knochen getrennt werden; [...]. Alles wird in den großen *Saladeros* [Pökelfabriken] verwendet; die Haut, der Talg, die Knochen und Reste aller Art.«[98]

Wie auch heute noch überschneiden sich in dieser Beschreibung ökologische respektive tierrechtliche Aspekte mit der Ausbeutung menschlicher Körper.

Der neue Hafen in Buenos Aires wurde so zu einem wichtigen Element der exportorientierten Wirtschaft, in die die unternehmerische und politische Elite große Hoffnungen setzte. Bei den ab 1880 diskutierten Plänen für den neuen Hafen handelte es sich nicht nur um eine ökonomische Notwendigkeit, sondern auch um ein hochgradig symbolisches Projekt, das die Modernität und »Zivilisierung« des Landes unterstreichen sollte. Deshalb wurde auch die billigere Variante eines Ausbaus bestehender Hafenbecken verworfen und der Bau des weitaus kostspieligeren, von britischen Ingenieuren geplanten *Puerto Madero* in Angriff genommen, der Buenos Aires den europäischen Hafenmetropolen angleichen sollte. Nachdem Ende der 1890er Jahre der Bau abgeschlossen worden war, wurde allerdings schnell klar, dass die neu gebauten Hafenbecken für die modernen Überseedampfer bereits zu klein waren. Schnell stand der Puerto Madero nutzlos zwischen der Stadt und dem Rio de la Plata und versperrte den Einwohner*innen den Blick auf das meeresähnliche Flussdelta, wie es auch Quiroule seinem europäischen Genossen beschrieb.[99] Die Vermutung liegt nahe, dass der in Buenos Aires lebende Anarchist somit sehr bewusst zu diesem Beispiel griff, um die Naturzerstörung durch den Kapitalismus zu illustrieren. Er bezog sich damit auf eine breit debattierte öffentliche Angelegenheit, bei der auch die kapitalistische Urbanisierung sowie die umweltzerstörerische Exportwirtschaft verhandelt wurden.

Amerikanische Utopie

Die oben beschriebene exportorientierte Ökonomie war von einer massiven Einwanderung ausländischer Arbeitskräfte abhängig. Zwischen 1880 und 1914 kamen fünf Millionen Menschen nach Argentinien, wodurch sich die Einwohnerzahl innert drei Jahrzehnten verdoppelte und 30% der Bevölkerung keine argentinische Staatsbürgerschaft besaßen. In den urbanen Zentren war der Ausländeranteil gar noch größer. Nur jede vierte in Buenos Aires lebende Person war auch auf argentinischem Boden geboren worden.[100]

Mit den Migrant*innen, die zum größten Teil aus Italien und Spanien stammten, wanderten auch die in Europa entstandenen sozialistischen und anarchistischen Ideen ein. Die argentinische

Arbeiterbewegung war somit von Anfang an sehr stark in transnationale Netzwerke eingebunden, in denen Aktivist*innen, Informationen und Publikationen beständig zirkulierten. Bereits Mitte der 1870er Jahre gründete sich in Buenos Aires eine kleine Sektion der Ersten Internationale. In den 1880er Jahren wurden dann die ersten Gewerkschaften aktiv, bei denen auch europäische Aktivist*innen eine zentrale Rolle spielten. Eine ganze Reihe von bedeutenden Anarchist*innen verbrachte einen Teil ihrer Zeit in Argentinien, darunter sogar der berühmte Errico Malatesta, der zwischen 1885 und 1889 nicht nur im südlichen Patagonien Gold suchen ging, sondern auch die Gründung von Gewerkschaften maßgeblich mitbeeinflusste. Ein Jahrzehnt später stieg Buenos Aires zu einem der weltweit wichtigsten Zentren des Anarchosyndikalismus auf. Nachdem 1902 der erste Generalstreik das Land erschütterte, avancierten die anarchistische Zeitschrift *La Protesta* sowie die 1904 gegründete anarchosyndikalistische Gewerkschaft FORA zu wichtigen Bezugspunkten des globalen Anarchismus.[101]

Die anarchistische Bewegung war somit eine sowohl politisch als auch kulturell tonangebende Strömung der argentinischen Linken. Indem sie sehr stark in kontinentale Netzwerke eingebunden war, beeinflusste sie zudem die Arbeiter*innenbewegung anderer südamerikanischer Länder maßgeblich.[102] Seine Strahlkraft hatte der argentinische Anarchismus nicht zuletzt auch seinen kulturellen Aktivitäten zu verdanken. Eine ganze Reihe radikaler Dramaturgen, Poeten, Künstler und Journalisten schloss sich libertären Zeitungsredaktionen und Gewerkschaften an. Alternative Schulen, Theater, soziale Stadtteilzentren sowie abendliche Lesungen und sonntägliche Spaziergänge und Picknicks sollten die Arbeitenden nicht nur an ihren Arbeitsplätzen organisieren, sondern auch in ihren Stadtteilen und ihrer Freizeitbeschäftigung mit libertären Praktiken und Ideen in Kontakt bringen. Auch Frauen spielten eine wichtige Rolle. In der von 1896 bis 1897 erscheinenden anarchistischen und feministischen Zeitung *La Voz de la Mujer* [Die Stimme der Frau], in der nur Frauen als Autorinnen zugelassen wurden, agitierten die Anarchistinnen für eine Befreiung von ihrer »doppelten Versklavung«. Indem diese Frauen aber nicht nur für frauenspezifische Anliegen einstanden, sondern den emanzipatorischen Diskurs in seiner Gesamtheit prägen wollten, ernteten sie nicht selten Kritik von ihren männlichen Genossen, die – trotz verbaler Unterstützung – nicht alle die Stimme von schreibenden, denkenden und eigenständigen Frauen akzeptieren konnten.[103]

Auch Quiroule gehörte zur Gruppe schreibender Anarchist*innen, die die gesamte Kulturlandschaft Argentiniens mitprägten. Geboren wurde er im Jahr 1867 in Lyon mit dem offiziellen Namen José Falconnet. Schon einige Jahre nach seiner Geburt wanderte seine Familie nach Argentinien aus. Sein politischer Werdegang glich dem vieler seiner schriftstellerisch tätigen libertären Mitstreiter*innen. Nach einem kurzen Engagement im radikaldemokratischen Milieu näherte er sich in den 1890er Jahren der anarchistischen Bewegung und gründete 1893 gemeinsam mit anderen ausgewanderten französischen und belgischen Anarchisten die anarchokommunistische Zeitung *La Liberté*. Zu dieser Zeit nahm er auch sein Pseudonym an, das auf das französische Sprichwort »pierre qui roule n'amasse pas de mousse« verweist, was in einer wortwörtlichen Übersetzung so viel bedeutet wie »ein rollender Stein setzt kein Moos an«. Dank Quiroules tüchtiger Zusammenarbeit mit verschiedenen anarchistischen Periodika wurde er 1907 Teil der Redaktion der legendären *Protesta*, aus der er aber aufgrund zahlreicher Konflikte 1915 wieder austrat.

Die Russische Revolution entfachte in Quiroule eine große Begeisterung, wie dies bis Anfang der 1920er Jahre bei vielen Anarchist*innen Argentiniens – den sogenannten »Anarchobolschewist*innen« – der Fall war. Als Ausdruck des »universellen Rufs nach sozialer Gerechtigkeit« sah er in der Revolution der Bauern, Bäuerinnen und Arbeitenden im Zarenreich den Beginn einer anderen Gesellschaft, die das »Ideal der Gleichheit bei und durch die Arbeit« verwirklichen werde.[104] Einige Jahre später zog sich der enttäuschte Quiroule jedoch aus dem politischen Leben zurück, desillusioniert von den Fraktionskämpfen in der anarchistischen Bewegung sowie in Trauer wegen des Todes seiner Partnerin Andrea Brasseur, mit der er zwei Kinder hatte. Er suchte sein Glück in einem »persönlichen Arkadien« auf einer Ranch am Ufer des Flusses Paraná.[105]

Am bekanntesten wurde Quiroule als Verfasser einer utopischen Erzählung, die 1914 unter dem Titel »La ciudad anarquista americana. Obra de construcción revolucionaria« [Die anarchistische Stadt Amerikas. Das Werk eines revolutionären Aufbaus] publiziert wurde.[106] Darin schilderte er eine post-revolutionäre Gesellschaft, die sich aus den schädlichen Großstädten zurückgezogen hat und ein freies, naturnahes, egalitäres und solidarisches Leben in rational organisierten Kommunen von ungefähr 10.000 Einwohner*innen errichtet hat. Die Erzählung, die sich offensichtlich als didaktische Einführung in die anarchistischen Ideale versteht, möchte die Lesenden möglichst konkret und detailgetreu in die erträumte Lebenswelt des libertären Kommunismus einführen.

Die utopische Stadt ist in symmetrischen geometrischen Formen aufgebaut. Um den Verkehr und die damit einhergehende Verschmutzung zu verringern, ist nur eine Straße mit Fahrzeugen befahrbar, während alle anderen mit Kies bestreuten Wege nur zu Fuß begehbar sind. Dass sich dadurch die Fortbewegung verlangsamt, ist für Quiroule kein Anlass zur Sorge. Denn die Arbeitszeit hat sich derart reduziert, dass die Menschen nur noch einen Bruchteil ihrer Lebenszeit der Produktion von Nahrung und anderen lebensnotwendigen Gütern widmen müssen. Nachdem Werbung aus dem Alltag verschwunden ist und sich die Produktionsmethoden rasant verbessert haben – alle Häuser, so Quiroule, würden aus einem Stück Glas gegossen – können die Bewohner dieser utopischen Stadt ihre Zeit für Wissenschaft, Bildung und das Pflegen sozialer Beziehungen verwenden.

Denn nach der großen sozialen Revolution haben sich auch die zwischenmenschlichen Beziehungsformen radikal verändert. Die Menschen leben in kollektiven Wohngemeinschaften, die Kleinfamilie ist nahezu verschwunden und wird nur von denen gelebt, die sich eine solche Form des Zusammenlebens wirklich wünschen. Die Ehe ist gänzlich verschwunden, genauso wie die Zuteilung der Reproduktions- und Produktionsarbeiten in jeweils eine häusliche und öffentliche Sphäre. In Kinderkrippen werden die Kinder nicht nur von Frauen, sondern, wie es scheint, auch von Männern großgezogen. Die Mutter, so Quiroule, sei deshalb keine »Sklavin« mehr ihres »Mutterseins«. Was die Umgestaltung der Geschlechterverhältnisse betrifft, gehörte seine Utopie zu den radikalsten, die der argentinische Anarchismus aus jener Zeit zu bieten hatte.[107]

Radikal war diese Utopie auch im Hinblick auf ihre ökologische Dimension. Noch mehr als heute hingen die Gesundheit des Menschen und eine intakte Umwelt eng miteinander zusammen. Denn von Licht, Boden, Luft und Wasser sagte man, dass sie ganz unmittelbar die Körper beeinflussten. Krankheiten, von denen wir heute wissen, dass sie über Bakterien oder Viren übertragen werden, führte man damals noch ganz direkt auf Umweltbedingungen zurück. Gestank konnte tödlich sein. Deshalb hatte Quiroules Zukunftskommune auch stark hygienistische Komponenten. Die Menschen dieser utopischen Stadt haben allesamt gesunde und kräftige Körper. Sie leben unter besten gesundheitlichen Bedingungen und ernähren sich vegetarisch. Da ihr Alltag auch aus kurzen und mühelosen Einsätzen in der Landwirtschaft besteht, ist die hierarchische Arbeitsteilung abgeschafft und alle erhalten die Gelegenheit, in einem engen Kontakt mit der Natur zu arbeiten. In diesem Aspekt weist Quiroules Utopie auffallende Parallelen zu Kropotkins Vorstellungen auf, die der argentinische Anarchist zweifellos kannte. Auch der russische Geograf und Anarchist träumte von reichhaltigen Bedürfnissen und Aktivitäten, die dem Individuum eine »integrale« Entwicklung ermöglichen sollten. Sowohl Kropotkin als auch Quiroule definierten Arbeit nicht als einseitige Beherrschung der Natur, sondern als ein Zusammenspannen von Mensch und Natur, als eine »produktive Beziehung basierend auf Harmonie, Fruchtbarkeit und Kreativität«, wie es Bookchin Jahrzehnte später formulierte.[108]

Ein Grundsatz des Anarchismus bestand darin, die »Übernahme« des bestehenden kapitalistischen Staates als emanzipatorische Strategie zu verwerfen. Der Staat dürfe nicht mit neuem Personal besetzt werden, sondern müsse zerstört und durch selbstverwaltete Zusammenschlüsse der Menschen ersetzt werden. Quiroule wandte dieses Prinzip auch auf die kapitalistischen Produktionsmethoden und -mittel an. Die Arbeitenden sollten nicht einfach die Fabriken übernehmen und dasselbe nunmehr selbstverwaltet produzieren. Vielmehr ging es darum, die gesundheitsschädlichen Fabriken und umweltzerstörerischen Produktionsformen aufzugeben und durch befriedigende, emanzipatorische und sich um die Ökosysteme sorgende Formen der Arbeit zu ersetzen. Freiheit wurde nicht mit der Messlatte des Industrialismus gemessen: Nicht die Menge an verarbeitetem Stahl oder geförderter Kohle machte ein gutes Leben aus, sondern die sozialen Beziehungen und die selbstbestimmten Tätigkeiten, denen die Menschen nachgehen konnten. Obwohl er wirklichen Fortschritt als »Rückkehr zur Natur« oder »Gegenbewegung« zur modernen Zivilisation definierte, war aber auch Quiroule kein absoluter Kritiker des technologischen Fortschritts. Während er Züge, stinkende Kamine, kapitalistische Städte, kurz die »fiktive Zivilisation des Kapitalismus« kritisierte, sprach er mit Begeisterung von der Elektrizität, die in seiner Utopie nicht nur die Straßen beleuchtet, sondern ebenfalls Flugzeuge antreibt, die ab und an zwischen den verschiedenen nahezu selbstversorgenden Kommunen Güter und Informationen austauschen.

Leid der Dinge versus Leid der Menschen?

Jenen, welche wie Quiroule die Interdependenzen zwischen Mensch und Natur hervorheben, wird zuweilen eine Tendenz zur Misanthropie vorgeworfen. Eine »bio-kosmische Solidarität« gestehe den Menschen kein Recht mehr auf Emanzipation und Freiheit zu. Schon Quiroule musste sich wahrscheinlich solche Vorwürfe gefallen lassen. In seinem Brief an Nettlau schrieb er: »Das bedeutet, nicht wahr, mein Genosse, dass, wenn ich mit dem Leid der Dinge Anteil nehme, es nicht heißt, dass ich dem Leid der Menschen gefühllos gegenüberstehen würde.«[109]

Als ob die Sorge um Mitmenschen durch die Sorge um die Natur per Definition verhindert würde, musste sich Quiroule in dieser Briefpassage prophylaktisch gegen den Vorwurf der Misanthropie wehren. In diesem Briefwechsel mit Nettlau kommen somit nicht nur die Konturen einer antikapitalistischen Umweltethik zum Vorschein, sondern auch die Anzeichen einer politischen Kluft, die zu überbrücken die größte Herausforderung eines Umweltschutzes der 99% darstellt.

Die Geschichte der Unterdrückten ist durch Brüche und Niederlagen gekennzeichnet und muss beständig vor dem Vergessen gerettet werden. Somit wird uns ein Umweltschutz der 99% nicht als kohärentes Theoriegebilde aus der Vergangenheit überliefert. Um die Konturen einer Sorge um die Natur, die auch zugleich Kampf für Selbstbestimmung und Solidarität ist, zu skizzieren, müssen wir verstreute Bruchstücke zusammentragen. Wenn Quiroule in diesem Buch als Knotenpunkt dient, an dem sich alle diese Geschichten an dem einen oder anderen Punkt ihres Verlaufs überkreuzen, so nicht deshalb, weil dieser in Argentinien lebende Anarchist alle diese Erfahrungen vollständig aufgenommen und zu einem kohärenten Ganzen verwoben hätte. Quiroules Biografie und Texte weisen vielmehr verschiedene Ritzen auf, durch die wertvolle Blicke auf eine andere Vergangenheit und Zukunft zu erhaschen sind. Was Daniel Bensaïd in Bezug auf Walter Benjamin geschrieben hat, möchte ich auf den argentinischen Anarchisten übertragen: In einer politischen »Landschaft, die sich gebärdet, als sei sie unveränderlich, mit ihren Zäunen, Trennwänden und ihren Nachbarschaftsstreitigkeiten«, ist Quiroule »das mit Gestrüpp bedeckte Loch«, die unscheinbare Abzweigung, »von wo aus noch geringer erforschte Pfade abweichen«.[110]

Mehr Kohärenz kann dieses Buch nicht herstellen. Sollte der politische Horizont eines Umweltschutzes der 99% einmal greifbar werden, wäre dies einer kollektiven politischen Praxis zu verdanken, die sowohl Wiederentdeckung als auch Neuerfindung ist. Bis zu diesem Zeitpunkt gilt es, die Unvollständigkeiten auszuhalten, die keinesfalls nur den historischen Akteur*innen anzulasten sind, sondern zu jedem politischen Handeln gehören.

2

Es noch einmal versuchen. Oder: Weshalb sich der Umweltschutz »industrialisieren« sollte

Unser Materialismus kann nicht auf die Formel reduziert werden: Nichts ist so erfolgreich wie der Erfolg.

John Berger, 1958

Wenn es darum geht, einen emanzipatorischen Umweltschutz zu skizzieren, lenken Aktivist*innen und Forschende die Aufmerksamkeit häufig auf jene Bevölkerungsgruppen, die einen direkten Zugang zu natürlichen Ressourcen haben: Indigene, Kleinbäuerinnen und Kleinbauern oder von der Jagd und dem Fischfang lebende Communities. Dies ist aus zwei Gründen richtig und wichtig. Einerseits wird auf diese Weise deutlich, dass diese Menschen besonders von der Umweltkatastrophe betroffen sind und dass sie seit Jahrzehnten an vorderster Front für gemeinschaftliche Eigentumsformen, nachhaltige Ressourcennutzung sowie Pflege strapazierter Ökosysteme einstehen. Andererseits sind dies Bevölkerungsgruppen, die von engstirnigen und eurozentristischen Formen des Marxismus als zurückgeblieben und »primitiv« bezeichnet wurden – als Menschen, die sich nicht selbst repräsentieren könnten und von einer Partei aufgeklärter, in die Geheimnisse der modernen Wissenschaft eingeweihter Kader »geführt« werden müssten. Mit Recht macht deshalb die Ökofeministin Ariel Salleh diese für soziale und ökologische Reproduktion sorgenden Menschen zu zentralen »Subjekten der Geschichte«, da sie »die notwendigen biologischen Infrastrukturen und Grundlagen für alle Wirtschaftssysteme« reproduzieren.[111]

Sallehs Ansatz plädiert jedoch nicht für eine ebenbürtige Inklusion in eine historisch als männlich und weiß definierte Arbeiterklasse. Sallehs Subjekt der Geschichte ist dasjenige, das gemeinhin »außerhalb des ökonomischen Systems stehend verortet« wird, also Hausarbeit verrichtet, den Boden bearbeitet oder jagt und sammelt. Dementsprechend dreht sie die Hierarchie um und schließt nun tendenziell die für Lohn in Industrie- und Dienstleistungssektoren arbeitenden Menschen – etwa die Flugbegleitenden, Kassierer*innen, Schlachthofarbeiter*innen und Logistikangestellten – vom Kampf für eine gesunde Umwelt aus. Ein solcher Ansatz führt in eine strategische Sackgasse, da die Frage nicht beantwortet wird, wie auch die Millionen Menschen angesprochen werden können, die keinen direkten Zugang zum Boden, den Wäldern und Gewässern haben; die also »Ökosystemdienstleistungen« – wie es im neoliberalen Jargon heißt – immer nur über den Kauf von Waren in Anspruch nehmen können. So wird eine beträchtliche Gruppe von Lohnabhängigen nicht mehr als Subjekt einer radikalen ökologischen und sozialen Transformation adressiert und eine politische Spaltung vertieft, die es mit Blick auf den strategischen Horizont eines Umweltschutzes der 99% gerade zu überbrücken gilt. Es geht darum, über verschiedene Formen der politischen und strategischen Vermittlung zu zeigen, dass auch die im Industrie- und Dienstleistungssektor arbeitenden Menschen ein Interesse an einer gesunden Umwelt haben.

Als Pierre Quiroule 1907 Teil der Redaktion der Tageszeitung *La Protesta* wurde, befreundete er sich mit einem irischen Arzt namens John Creaghe (1841–1920). Dieser kam schon Ende der 1880er Jahre nach Argentinien, wo er sich der anarchistischen Bewegung anschloss. 1890 kehrte Creaghe für zwei Jahre ins englische Sheffield zurück und verkehrte dort in einem heterodoxen sozialistischen und anarchistischen Umfeld.[112] Es war womöglich Creaghe, der Quiroule mit der Utopie William Morris' bekannt machte, die unter dem Titel *Kunde von Nirgendwo* große Berühmtheit erlangte und in Sheffield mit Begeisterung gelesen wurde. Darin beschrieb der englische Künstler, Handwerker, Aktivist und Schriftsteller eine dezentrale und ökologische Gemeinschaft, von der sich Quiroule beim Imaginieren seiner Zukunftskommune sehr wahrscheinlich inspirieren ließ.[113] Vielleicht erzählte der irische Arzt seinem in Argentinien lebenden Freund auch von einer politischen Aktion, die sich irgendwann Anfang der 1890er Jahre zugetragen hatte und an die sich Edward Carpenter (1844–1929), eine prägende Figur des Sozialismus in Sheffield, dreißig Jahre später erinnerte: »Vor über dreißig Jahren – und darauf sind wir sehr stolz – fing unsere kleine sozialistische Gruppe in Sheffield an, die Stadtverwaltung und die örtliche Bevölkerung auf genau diese Frage [der Maßnahmen gegen Luftverschmutzung] aufmerksam zu machen ... Wir stellten einen Tisch auf der Straße auf, hielten Reden und verteilten Flugblätter und Broschüren. Mehrheitlich machte sich die Arbeiterschaft über uns lustig: ›Sie wollen, dass es keinen Rauch mehr gibt‹, sagten sie, ›aber wie können wir ohne Rauch leben? Wenn es keinen Rauch gibt, gibt es auch keinen Handel!‹ Das klang überzeugend; und dasselbe Argument wird bis heute vorgebracht, wenn entsprechende Maßnahmen vorgeschlagen werden.«[114] Die Hilflosigkeit, mit der Carpenter anerkennen muss, dass die Angst vor dem Arbeitsplatzverlust »überzeugend klang«, wirft äußerst aktuelle Fragen auf. Wie den Kampf für eine gesunde Umwelt mit den tagtäglichen Nöten der Lohnabhängigen verknüpfen? Was tun gegen die legitime Angst vor dem Verlust eines Arbeitsplatzes, der – trotz Stress, Monotonie, Langeweile und körperlicher Anstrengung – die einzige Möglichkeit bietet, die monatlichen Rechnungen zu bezahlen? Wie Arbeiter*innen von der Schädlichkeit des Rauches überzeugen, wenn ihre Existenz davon abhängt, dass sie Kohle in die Heizöfen schaufeln, an dampfbetriebenen Webstühlen sitzen oder ihre Zimmer mit Kohle heizen können? Im Zuge der Gelbwestenbewegung von 2018/19 war zuweilen der Slogan zu lesen »Ende des Monats, Ende der Welt – gleicher Kampf«. Wo aber befindet sich der konkrete Anknüpfungspunkt, um eine Brücke der Solidarität zu schlagen zwischen den Prekären, Niedriglohnempfänger*innen, Arbeitslosen und Alleinerziehenden, denen das Monatsende die größten Sorgen bereitet, und denen, die sich um das Ende der Welt, wie wir sie kennen, sorgen, sei es, weil sie den Anfang dieses Endes bereits am eigenen Leib erfahren haben, sei es, weil sie aufgrund ihrer relativen ökonomischen Sicherheit über den Tellerrand des Monatsendes hinausblicken können?

Eine ebenso bequeme wie defätistische Antwort darauf lautet, dass es diesen Anknüpfungspunkt einfach nicht gibt. Zwischen Umweltschutz und Wohlstand für alle, zwischen Arbeitsplätzen und ökologischen Regulierungen brauche es Kompromisse, *trade offs*. Wer nicht zu Verzicht bereit ist, darf auch nicht über Umweltschutz sprechen. Ist dieses Misstrauen der Arbeitenden, das Carpenter beschreibt, somit nicht auch das, was jede westeuropäische Umweltschützerin erfahren muss, wenn sie Automobilarbeitenden erklären will, dass dringendst etwas gegen Luftverschmutzung und Klimawandel unternommen werden müsste?

Meines Erachtens sollte die Antwort auf diese Frage anders ausfallen. Die Gegenüberstellung von Arbeitsplätzen und Umweltschutz ist nicht definitiv und zeitlos, sondern Resultat von konkreten politischen, ökonomischen und kulturellen Bedingungen, das Produkt einer »spezifischen Konstellation von Gewerkschaftspolitik«.[115] In den sozialen Beziehungen, den politischen Kräfteverhältnissen sowie den alltäglichen Tätigkeiten lassen sich Ursachen für dieses Unverständnis finden, das schon Carpenter entgegenschlug: in der Art, wie die Arbeiter*innen lebten, sich wärmten, wie sie nachts lasen und ihre Krankheiten kurierten, aber auch darin, wie sie arbeiteten, in den Rhythmen ihrer körperlichen Bewegungen und der Greifbarkeit von radikalen Alternativen. Dies bedeutet aber nicht, dass der von Carpenter ersehnte Brückenschlag einfach gewesen wäre. Wie er selbst erfahren musste, beschränkt sich Politik nicht auf schriftliche Appelle und Redenschwingen, sondern setzt eine Praxis des Kennenlernens, der aktiven Solidarisierung voraus. Aber es gibt keine »strukturelle Inkompatibilität«, keinen »absoluten Interessensgegensatz« zwischen Gewerkschaften und Umweltschutz. Das Unvernehmen ist ein politisches und somit eines, das mit einer Praxis der Begegnung, aber auch des Drucks auf verkrustete Strukturen überwunden werden kann. Carpenters Scheitern ist nicht Ausdruck einer vergeblichen Bemühung. Die Verlierer*innen der Geschichte vor dem Vergessen zu retten, heißt auch, ihre Hoffnungen weiterzutragen – es noch einmal zu versuchen.

Sozialismus in Sheffield

Carpenters Kampagne gegen die Luftverschmutzung passte sehr gut in das damalige politische Projekt der Sozialist*innen aus Sheffield. Als der 1844 geborene Schriftsteller in den 1880er Jahren gemeinsam mit anderen Arbeitenden und Intellektuellen die *Sheffield Socialist Society* aufbaute, vertraten sie eine sehr spezifische Ausprägung des Sozialismus: eine offene, pluralistische Form, die einerseits als radikale Kritik an den entfremdenden, individualisierenden, sinnentleerenden und vereinheitlichenden Tendenzen des Kapitalismus und andererseits als ausgangsoffene Suchbewegung nach einem sinnlicheren und sinnerfüllteren Leben verstanden wurde. Nicht nur Zerschlagung der Monopole, Rückgabe des Bodens an die Produzierenden und Zerstörung des bürokratischen Staatsapparats standen auf ihrem Programm. Auch die »Befreiung der Arbeit hin zur Würde und Selbstständigkeit«[116], die Aufhebung der Trennung von Kopf- und Handarbeit, die Reduktion von mühsamen und entfremdenden Tätigkeiten zugunsten einer künstlerischen, selbstentfaltenden Arbeitstätigkeit waren ihre Ziele. Ihre Kritik galt den vielfältigen Rückschritten, welche die kapitalistische Zivilisation mit sich brachte, und sie sehnten sich nach einem einfacheren Leben, ohne auf jeglichen technischen Fortschritt verzichten zu wollen. Carpenter gehörte einem radikalen sozialistischen Millieu an, das den Kapitalismus nicht nur deswegen hasste, weil er Ungleichheit und Elend produzierte, sondern auch, weil er die Menschen voneinander und von der Natur entfremdete.[117] Darunter verstand er nicht nur die Entfremdung von der nicht-menschlichen Natur in Form einer Einsperrung der Menschen in dunklen Fabriken und ihre Unterbringung in dreckigen, stets von Rauch verdunkelten Slums. Auch vom eigenen Körper war der moderne Mensch Carpenter zufolge entfremdet. Emanzipation wurde von Carpenter deshalb auch als »Entkleidung« des Menschen bezeichnet, als Suche nach einem intimeren Kontakt zur Umwelt:

»Das Leben unter freiem Himmel, die Vertrautheit mit Wind und Wellen, saubere und reine Nahrungsmittel, die Gesellschaft von Tieren – dieses Ringen um Nahrung mit der großen Mutter Erde – all diese Dinge werden dazu beitragen, den

Bezug wiederherzustellen, den der Mensch so lange verleugnet hat; die Energie, die dadurch in das menschliche System einströmt, wird dem Menschen einen heute noch unvorstellbaren Grad an Gesundheit bringen und ihn zu einem strahlenden Sein befähigen.«[118] Wie bei Quiroule bedeutete Sozialismus für Carpenter eine Gesellschaft, in der sich die Menschen vegetarisch ernähren, in sauberen, lichterfüllten Behausungen wohnen und vielfältigen, selbstbestimmten Tätigkeiten nachgehen. Dabei konnten Technologien durchaus eine Rolle spielen, sie erlaubten es Carpenter zufolge einerseits, die Menschen von den anstrengenden und entfremdenden Tätigkeiten weitgehend zu befreien, und andererseits auch, die Natur zu »verschönern«. Sorge um die Natur bedeutete für ihn somit keineswegs Beherrschung, sondern Kooperation:

»Diese Rückbesinnung auf die Natur, die auch eine Art Identifikation mit dem großen Kosmos ist, bedeutet jedoch nicht, dass menschliches Leben und menschliche Interessen keine Berechtigung oder keinen Wert hätten. Nicht selten wird ein Gegensatz zwischen Mensch und Natur angenommen: Die Empfehlung, dass das Leben sich der Natur wieder annähern sollte, wird dann mit Askese und Einsiedlerei gleichgesetzt; und leider wird dieser Gegensatz bis heute verteidigt, obwohl er sicherlich nicht ewig bestehen bleiben wird. Für heute gilt leider, dass der Mensch das einzige Tier ist, das die Natur nicht schmückt und verschönert, sondern sie durch sein Dasein verschandelt.«[119] Im Jahr 1887 nutzte die Gruppe ein Café in einem Arbeiterviertel Sheffields. Es war ein Ort der Zusammenkunft, der Lesungen, Konferenzen und der direkten Hilfe. Wichtige Figuren des britischen Sozialismus besuchten die Stadt in Yorkshire: Der Anarchist Peter Kropotkin, die Feministin Charlotte Wilson oder der Sozialist Henry Hyndman, um nur einige Namen zu nennen. Schon in dieser kleinen Aufzählung wird der Pluralismus dieser Sozialist*innen ersichtlich sowie ihr Interesse für Fragen, die über die Ausbeutung von Lohnarbeitenden hinausging. Zu ihrem Netzwerk gehörten etwa auch die Vegetarier*innen Henry und Kate Salt, die südafrikanische Feministin Olive Schreiner oder der Sexualreformer Havelock Ellis.

Sexualität war auch für den in einer homosexuellen Partnerschaft lebenden Carpenter ein wichtiges politisches Thema. Sein Plädoyer für freie Liebe und die Befreiung der Frauen von patriarchalen Strukturen war aber keines für sexuelle Promiskuität. Wie viele Befürworter*innen der Freien Liebe aus seiner Zeit sah er im Abschütteln der Ehefesseln und der Befreiung von sexuellen Normen vielmehr ein Weg zu mehr sinnlicher als physischer Liebe. Carpenter rief Frauen dazu auf, »auf ihr Recht zu bestehen, so zu sprechen, sich zu kleiden, zu denken, zu handeln und mit ihrem Geschlecht umzugehen, wie sie es als richtig erachten«.[120] Und er kritisierte Männer, die die Last der weiblichen Hausarbeit nicht anerkannten, die nicht sahen, »dass die Arbeit die Frau auf Schritt und Tritt verfolgt, sogar bis in die Nacht hinein, dass ihr Körper ausgelaugt und ihr Geist niedergehalten wird [...] von den nie endenden Alltagssorgen«.[121]

Kampf gegen den Rauch

Die verdreckte Luft in Sheffield musste Carpenter am eigenen Leib erfahren. Während seiner für die Sheffielder Sozialist*innen aktiven Zeit lebte er in einem Dachgeschoss eines Arbeiterviertels. Mehrere Stockwerke über der Straße konnte er zwar den »Gerüchen der Straße« entgehen, was ihn aber umso mehr plagte, waren die »Rußduschen, die von den unzähligen herumstehenden Schornsteinen herabfielen«, wie er in seinen Memoiren schrieb.[122] Er selbst hielt es nur ein Jahr in diesem Umfeld aus. Er erkannte »den Schaden, der der Gesundheit und Lebenskraft als Folge des Wohnens in Slums und Industriestädten zugefügt wird«.[123] Schätzungen zufolge starben in Großbritannien zwischen 1840 und 1900 eine Million Menschen vorzeitig an den Folgen der Luftverschmutzung.[124] Was Carpenter unerträglich fand, wurde wohl auch von den Arbeitenden nicht einfach als selbstverständlich hingenommen. Für Sheffields Nachbarstadt Manchester schreibt der Umwelthistoriker Stephen Mosley, es gäbe »viele Beweise«, »dass eine substantielle Anzahl von Arbeitenden über die schädlichen Folgen der Verschmutzung durch Rauch klagte«.[125] Das betraf nicht nur die dreckige Luft, sondern eine ganze Reihe von alltäglichen Aktivitäten. Wohnungen und Kleider konnten wegen des allgegenwärtigen Rußes unmöglich sauber gehalten werden. Gut vorstellbar, dass sich vor allem Frauen über die Sisyphusarbeit der Reinigung beklagten. Man stellte sich lieber dunkle Möbel in die Wohnungen, damit der Dreck nicht so gut sichtbar wurde. Die gesamte städtische Vegetation litt unter diesen Bedingungen, die auch für Gärtner ein Problem darstellten, da sie nach Pflanzen suchen mussten, die auch unter dem rauchverhangenen Himmel wachsen konnten. Der Rauch bestimmte selbst die Tagesrhythmen und das Ausgehverhalten der Menschen, die sich in die Häuser zurückzogen und in ihrer Innenausstattung einen Ersatz für die Entspannung in der Natur suchten. Der Rauch und der saure Regen nahmen den Einwohner*innen die Möglichkeit, Vögel und Blumen, ja sogar die Sonne zu sehen. Wie dieses Leiden an der Luftverschmutzung auch in Streikbewegungen zum Ausdruck kommen konnte, zeigt die Streikwelle, welche die Textil- und Minenregionen Englands im Jahr 1842, zwei Jahre vor Carpenters Geburt, erschütterte. Es war der erste Generalstreik der britischen Geschichte – und dampfbetriebene Maschinen waren ein zentraler Streitgegenstand. Während die Dampfmaschinen für die Industriellen der Inbegriff für Fortschritt, Natur- und Menschenbeherrschung waren, sahen die Arbeitenden der Minen und Textilindustrie darin keinerlei Fortschritt. Die Dampfmaschine nannten sie »Moloch«, »Monster« oder »König«, der die Arbeitenden versklavt und das Land und seine Bewohner ins Elend treibt. Obwohl bereits 1827 als Reaktion auf die Maschinenstürmerei die Beschädigung von Dampfmaschinen und Kohleminen mit der Todesstrafe belegt worden war, drangen nun erneut tausende Arbeitende in die Fabriken und zogen die Stöpsel, welche die Dampfkessel dichthielten. Diese als »Plug Riots« in die Geschichte eingegangene Streikbewegung bildete zugleich den Höhepunkt des Chartismus, einer radikalen Sammelbewegung, die sich vor allem um die Forderung nach Demokratisierung zusammenschloss (männliches Stimmrecht) und eine ganze Reihe von radikalen Gruppierungen und

Gewerkschaften zusammenführte. Der Geograf Andreas Malm hat gezeigt, dass in den Texten und Flugschriften der chartistischen Bewegung eine regelrechte »steam demology« vertreten wurde. So stand etwa in einer Zeitung:

»Ich blickte auf die umliegende Landschaft, falls sie diesen Namen überhaupt noch verdient, wenn keine pflanzliche Natur mehr vorhanden ist ... Ein Meer von Häusern und Fabriken, Straßen und Eisenbahnlinien; auf den Schienen flogen monströse Maschinen mit unvorstellbarer Schnelligkeit, wie von einer unsichtbaren Höllenmacht angetrieben ... Das Tierleben schien ausgestorben ... Die Natur war etwas Altmodisches geworden, und die Welt schien ohne sie ganz gut zurechtzukommen.«[126]

Oder in einem Gedicht:

»Die Sonne selbst scheint blass auf eine dunkle Erde,
Wo zitternde Motoren in furchtbarer Heiterkeit ächzen,
Wo der schwarze Schwall von Rauchopfern, Verbrechen und Flüchen
Aus den feierlichen Hochöfen der Hölle quillt!«[127]

Natürlich war der Kampf gegen die Dampfmaschinen zunächst einmal ein Kampf für ein würdiges Leben und soziale Rechte, daran erinnert auch Andreas Malm. Dennoch hatte die soziale Kritik an der Verelendung auch eine »proto-ökologische« Komponente, wie Malm es nennt. Dies ist nicht verwunderlich, wenn wir bedenken, dass es dabei um alles andere als den Schutz einer dem Menschen vollkommen äußerlichen Natur ging. Die Bilder der sengenden Hitze, des undurchsichtigen Rauches und der verdunkelten Atmosphäre waren auch Ausdruck einer direkten körperlichen Erfahrung, wie sie von tausenden Arbeitenden in den Fabriken und Minen gemacht wurde. Hohe CO_2-Konzentration und Staub am Arbeitsplatz oder die ständige Gefahr, die von explodierenden Dampfkesseln ausging, führten dazu, dass ein Teil der britischen Arbeiter*innenklasse das Aufkommen einer fossilen Ökonomie als Verschlechterung der Lebensbedingungen erfuhr.[128] Wie in anderen sich industrialisierenden Ländern richtete sich die Wut gegen die Maschinen, die man für den Angriff auf die Arbeitsbedingungen und Abwertung von Handwerksberufen verantwortlich machte. Erst ab den 1870er Jahren schloss die Arbeiter*innenbewegung langsam Frieden mit dem technologischen Fortschritt. Nun waren vor allem Eigentumsverhältnisse das Problem und nicht mehr die Maschinen an sich. Von letztgenannten erhoffte man sich im Gegenteil sogar eine massive Erleichterung der Arbeit.[129] 50 Jahre nach dem Streik von 1842, mit dem gegen Rauch werbenden Carpenter an einer Straßenecke Sheffields, waren die Interessen deutlich anders gelagert als während der »Plug Riots«. Die Kritik am Rauch hatte damals schon länger das soziale Milieu gewechselt, wie uns die Arbeiten Stephen Mosleys über die Bewegung gegen den Rauch in Manchester zeigen. Im selben Jahr wie der große Generalstreik wurde in Manchester die *Association for the Prevention of Smoke* gegründet, was als Beginn der sogenannten »Smoke Abatement«-Bewegung gilt. Eine ganze Reihe von Sozialreformer*innen, Ärzt*innen und Wissenschaftler*innen begann, für Maßnahmen gegen die Rauchverschmutzung zu werben. Dabei schöpften sie aus einem breiten Reservoir von Argumenten. Der Schutz der öffentlichen Gesundheit war nur eine Rechtfertigung für die Bekämpfung der Luftverschmutzung. Weitaus wichtiger für die Rauchgegner*innen war das Argument der Verschwendung. Als Resultat eines unvollständigen Verbrennungsprozesses wurde der Rauch zu einem Zeichen für den verschwenderischen Umgang mit begrenzten Ressourcen. In einer Zeit, in der sich ganz Großbritannien zunehmend um ausgehende Kohlereserven sorgte, war dieses Argument durchaus wirksam. Die Rauchgegner*innen versuchten sich auch an der finanziellen Bezifferung der Schäden an Gebäuden, ausfallenden Ernteerträgen, Reinigungsarbeiten, Beleuchtungen usw. Gegen Ende des Jahrhunderts kam dann zunehmend das Argument der »Degenerierung« der »Rasse« oder der Nation hinzu. Im Zusammenhang mit sozialdarwinistischen und rassistischen Ideologien befürchtete man eine »Verschlechterung« der physiologischen Konstitution der in Großbritannien lebenden Bevölkerung. Die Bewegung gegen den Rauch vermittelte also nunmehr vor allem Werte und Anliegen einer gebildeten und mittelständischen Elite, die Rauch nicht als Zeichen der Prosperität deutete, sondern als ernst zu nehmendes Indiz für den drohenden Rückfall des englischen Imperiums in die »Barbarei«.[130] Jedoch hatten es die Rauchgegner*innen mit einer mächtigen »Rauchbefürworterschaft« zu tun, angeführt von den Industriellen und ihren politischen Fürsprechern in Regierung und Verwaltung. Die Vorstellung, wonach Rauch desinfizierend sei und deshalb gesundheitsfördernd wirkte, war weit verbreitet. Für viele war Rauch das Zeichen von Arbeit, Fortschritt und Prosperität. Kam hingegen kein Rauch aus den Schornsteinen, so war das ein Indiz für Hunger, Armut und Rückschritt.

Die Arbeitenden waren wahrscheinlich um einiges kritischer. Doch vor allem außerhalb von aufrührerischen Zeiten, wenn der Horizont einer radikalen Alternative unerreichbar erschien, mussten sich auch sie diesem Sachzwang unterwerfen. Hinzu kommt, dass einige der Maßnahmen, die von der Rauchgegnerschaft vorgeschlagen wurden, teilweise alles andere als arbeiter*innenfreundlich waren. Einige der geforderten Maßnahmen zielten etwa auf die Verbesserung des Verbrennungsprozesses. Dabei standen vor allem auch die Arbeitsmethoden der Heizer im Fokus, welche in den Augen der Rauchgegner*innen die Kohle in allzu großen und unregelmäßigen Haufen ins Feuer warfen und so die Verbrennungseffizienz eines Ofens nur unvollständig ausschöpften. Dass die Heizer aber stets verschiedene Arbeiten gleichzeitig erledigen mussten, wohl eher ungern noch längere Zeit vor dem brennend heißen Ofen stehen wollten, um die Kohle besser zu verteilen, und ohnehin zu den unqualifizierten und schlecht bezahlten Arbeitenden gehörten, wurde von den mittelständischen Rauchgegner*innen nicht beachtet.

Andere Maßnahmen beinhalteten technologische Scheinlösungen, während gesetzliche Verbote resolut abgelehnt wurden. Eine Methode bestand zum Beispiel darin, höhere Schornsteine zu bauen, um – so die Überzeugung – die verdreckte Luft im schier unendlichen Meer der Atmosphäre zu verteilen. Diese »Hochschornsteinpolitik« wurde laut dem Umweltthistoriker Joachim Radkau bis in die 1970er Jahre verfolgt.[131] Und selbst wenn neue Erfindungen, die beispielsweise die Luftzufuhr bei Öfen verbesserten, isoliert betrachtet zu weniger Emissionen führen konnten, wurden die Einsparungen durch das Wirtschaftswachstum wettgemacht. Schließlich war es dann auch nicht der Sieg der Bewegung gegen den Rauch, der die Luft der britischen Städte verbesserte, sondern vor allem die Auslagerung schmutziger Produktionszweige in andere Länder. Die Sozialisten, so Mosley, griffen zu ähnlichen Argumenten wie die Rauchgegner*innen. Verallgemeinernd kann gesagt werden, dass sie einerseits nach einer vollständigen gesellschaftlichen Umgestaltung trachteten und sich andererseits von den rein technologischen Lösungen weitgehend blenden ließen. So setzte Carpenter seine Hoffnungen auf die elektrische Beleuchtung, welche die schmutzigen Gaslampen ersetzen sollte. Wie die Elektrizität produziert werden sollte, interessierte ihn weniger.

Zwischen den unmittelbaren Forderungen und der Gesellschaftsutopie der Sozialist*innen klaffte eine Lücke. Wie das Beispiel aus Sheffield zeigt, blieb ihre Kritik an der Luftverschmutzung entweder auf eine schönklingende utopische Rhetorik beschränkt, oder sie scheiterte im Kontakt mit den unmittelbaren Nöten der arbeitenden Schichten mangels eines strategischen Hebels, mit dem die Sorge um das Ende der Welt mit den vielfältigen Sorgen um das Ende des Monats verbunden werden konnte.

Es noch einmal versuchen

Zwischen der Situation in Sheffield Ende des 19. Jahrhunderts und dem heutigen Kampf gegen Umwelt- und Klimazerstörung gibt es auffallende Parallelen. Da sind zunächst die Argumente der »Rauchbefürwortenden«, die wie Regierungen und Großkonzerne heute auf die Gegenüberstellung von Arbeitsplätzen und Umweltschutz setzen und – wie auch heute noch – die Umweltzerstörung verharmlosen oder gar schönreden. Da sind aber auch die Argumente der mittelständischen Rauchgegner*innen, die zur Überzeugung der Herrschenden meistens auf technologische Effizienz und marktbasierte Lösungen setzen. Sie wollten das sichtbar machen, was heute »Externalitäten« genannt wird, also in den Preisen nicht abgebildete Auswirkungen von ökonomischem Handeln. Hierfür berechneten sie die durch Luftverschmutzung entstehenden Kosten für die Reinigung von Kleidern und Gegenständen, jene für die Straßenbeleuchtung bei Tag, oder die Einbußen, die Industrielle bei Krankheit oder Arbeitsunfähigkeit ihrer Angestellten hinnehmen mussten. Und schließlich sind da Lohnabhängige, die in dieser Zwickmühle von Arbeitsplätzen und Umweltschutz gefangen sind gefangen sind sowie die großen Industriegewerkschaften, die eine sozialökologische Transformation bestenfalls nur halbherzig unterstützen, wenn sie solche Bestrebungen nicht sogar sabotieren.

Nichtsdestotrotz sind soziale und ökologische Anliegen vermittelbar. Wie die Beispiele der Stöpsel ziehenden Arbeitenden von 1842, der des Genusses des Vogelgesangs und der Sonnenstrahlen entbehrenden Bewohner*innen Manchesters oder der wahrscheinlich murrenden Frauen, die den Ruß aus den Kleidern waschen mussten, zeigen, hingen auch die Lohnabhängigen nicht einfach unkritisch dem Kult des Fortschritts und der Naturbeherrschung an. Es gibt also keinen Grund, Carpenter als vollkommen weltfremden und utopischen Sozialisten zu bezeichnen, wie dies bisweilen getan wird. Was Carpenter nämlich suchte, war eine Allianz zwischen den Arbeitenden und den für einen ökologischen Sozialismus einstehenden Sozialist*innen – ein Versuch, der womöglich aufgrund seines Utopismus oder seiner Strategielosigkeit nicht gelungen ist, aber trotzdem an Aktualität nicht eingebüßt hat. Denn im Kampf für eine ökologische und soziale Zukunft können wir unsere Hoffnung nicht nur auf jene setzen, die einen direkten Zugang zur Natur haben. Auch wenn diese Akteur*innen und ihre Kämpfe eine zentrale Rolle spielen, geht es auch darum, die politische Ökologie zu »industrialisieren«.[132] Es geht darum, über verschiedene Formen der politischen und strategischen Vermittlung zu zeigen, dass auch die im Industrie- und Dienstleistungssektor arbeitenden Menschen nicht nur ein abstraktes Interesse an einer gesunden Umwelt haben, sondern wie auch die Indigenen, Kleinbäuer*innen und Hausfrauen für eine nachhaltige Welt kämpfen können – und es bereits schon tun. Carpenters Versuch muss schon deshalb ernst genommen werden, weil er etwas versuchte, was damals wie heute eine Notwendigkeit ist: Auch die Lohnabhängigen der Autofabriken, Supermärkte, Krankenhäuser, Logistikunternehmen und Flugindustrie davon zu überzeugen, dass soziale und politische Rechte ohne eine intakte Umwelt zwecklos sind, und dass umgekehrt der freie Genuss der Natur für alle nur dann möglich ist, wenn die Fesseln des Kapitalismus zerschlagen werden. Es ist die Aufgabe eines Umweltschutzes der 99%, diese Brücke zu bauen. Gegen den Defätismus der unvereinbaren Interessen hatte Carpenter das ganze Recht, auch noch dreißig Jahre später beim Aufschreiben seiner Erinnerungen stolz darauf zu sein, diese Verbindung gesucht zu haben.

3

Umweltschutz der Armen. Oder: Was Umweltschutz mit menschlicher Gesundheit zu tun hat

Und das ist nicht das Ende der Geschichte. Es ist nie zu Ende.

Eric Vuillard, 2019

Das Kapital negiert die Rhythmen, den Puls, die Netze und Zusammenhänge des Lebens. Die Zeit der Akkumulation, die kompromisslose Eile des Just-in-Time, hat mit der Zeit der sich regenerierenden Böden, des Wachstums und Zerfalls des Lebens nichts zu tun. So hebt der globale Kapitalismus das Erdsystem sprichwörtlich aus den Angeln, setzt es in einen Zustand des »planetarischen Notfalls«. Schon bei einer Erderwärmung von 1° bis 2°C könnten existenzielle »tipping points« überschritten werden: der grönländische Eisschild verschwinden, der Anstieg des Meeresspiegels auf bis zu 10 Metern innerhalb mehrerer Jahrhunderte nicht mehr aufhaltbar sein oder 99% der Korallenriffe vernichtet werden. Sind einmal zwischen 20% und 40% des Amazonasgebiets abgeholzt, kann seine Versteppung womöglich nicht mehr aufgehalten werden. Momentan befinden wir uns bei 17%.[133]

Doch nicht nur das nicht-menschliche Leben wird von dieser ökologischen Unvernunft negiert. Nicht nur die Grenzen der Ökosysteme werden strapaziert, sondern auch die Grenzen des menschlichen Körpers. Einer neuen Studie zufolge starben 2018 8,7 Millionen Menschen an den Folgen von Luftverschmutzung, die auf die Verbrennung fossiler Brennstoffe zurückgeht.[134] Hinzu kommen noch unzählige weitere Todesursachen infolge von Mangel- oder Unterernährung, giftigen Substanzen im Trinkwasser, schlechter Gesundheitsversorgung, geistig oder körperlich unerträglichen Arbeitsbedingungen, eigentlich heilbarer Krankheiten usw. Aufgrund steigender Hitze und Feuchtigkeit könnte das körperliche Arbeiten unter freiem Himmel oder in nicht-klimatisierten Räumen zunehmend zu einem Todesurteil werden. Im menschlichen Körper überkreuzen sich die ökologische und soziale Dimension des lebenverneinenden Charakters des Kapitals, denn je nach Klasse, Geschlecht oder *Race* ist dieses Ausgesetzt-Sein gegenüber dem lebenaussaugenden Prinzip des Kapitals verschieden.

Marx beschrieb mit Eindringlichkeit den »Werwolfs-Heißhunger« des Kapitals, der die physischen Grenzen des menschlichen Lebens negiert. Das Kapital »usurpiert die Zeit für Wachstum, Entwicklung und gesunde Erhaltung des Körpers«. Es stiehlt uns die Zeit, die wir für die Sorge um unsere Körper und jene der Mitmenschen benötigen – die Zeit auch, die wir in der »freie[n] Luft« und im »Sonnenlicht« verbringen können. Und Marx griff zu einer aus ökologischer Sicht vielsagenden Analogie. Das Kapital verschwendet, zermalmt und verstümmelt die menschlichen Körper genauso wie ein »habgieriger Landwirt«, der »gesteigerten Bodenertrag durch Beraubung der Bodenfruchtbarkeit erreicht«.[135] Das Kapital überansprucht, mit anderen Worten, beide »Springquellen« des Reichtums, die Arbeitenden genauso wie die Natur. Kämpfe gegen schlechte Arbeitsbedingungen, für eine Reduktion der Arbeitszeit, gute, öffentliche und kostenlose Gesundheitssysteme, gesunde Ernährung, saubere Luft und trinkbares Wasser für alle sind deshalb zentrale Bestandteile eines Umweltschutzes der 99%. Mit anderen Worten: Umweltschutz ist auch eine Politik des Körpers.

1883 wird ein gewisser Maximiliano Tornet (1855–1904) aus dem Gefängnis der andalusischen Stadt Cádiz entlassen. Es ist das Jahr, in dem die spanischen Behörden die angeblichen »Verbrechen der Mano Negra« aufdecken und strafrechtlich verfolgen. Glaubt man den staatlichen Anklageschriften, so war diese im andalusischen Untergrund agitierende subversive Organisation eng verbandelt mit der anarchistischen *Federación de Trabajadores de la Región Española* (FTRE). In einer Zeit der zunehmenden sozialen Spannungen holt der Staat zu einem Schlag gegen revolutionäre Kräfte und Arbeiter*innenorganisationen aus. Mithilfe gefälschter Anklageschriften werden Dutzende Gewerkschafter für eine Mordserie in der Provinz Cádiz verantwortlich gemacht und sieben Angeklagte schließlich zum Tode verurteilt. Die Prozesse sollten einen Einschnitt in der Geschichte der spanischen Arbeiterbewegung markieren.

Tornet selbst saß aber aus ganz anderen Gründen im südspanischen Gefängnis. 1855 als Sohn eines Gastwirtes auf Kuba geboren, wurde er auf der karibischen Insel festgenommen und nach Andalusien verschifft, weil er sich für die kubanische Unabhängigkeit einsetzte. Nach der Entlassung aus dem Gefängnis begab sich Tornet auf Arbeitssuche in der Minenregion von Huelva, wo eine ganze Reihe ausländischer Minenfirmen Pyrit abbauen. Die größte Mine befand sich in der Gemeinde Riotinto und wurde ab 1873 vom britischen Unternehmen Rio Tinto betrieben.[136] Die Gemeinde Riotinto, das Unternehmen Rio Tinto sowie der Fluss Río Tinto werden durch unterschiedliche Schreibweisen auseinandergehalten. Dabei durchwanderte Tornet einen von den Unternehmen verwüsteten Lebensraum. Um die Geschichte dieser Region zu verstehen, müssen wir ihn nun kurzzeitig verlassen und anderen Akteuren folgen.

Schon 1876 beschrieb der französische Anarchist Elisée Reclus in seiner Universalgeografie diese Region. So etwa rund um die Mine »Tharsis« im westlichen Teil der Provinz Andalusien, die in Reclus' Worten einem »breiten Amphitheater« geglichen habe. Um die gesamten Vorkommen an Eisen- und Schwefelsulfid abzubauen, »müsste man den Berg selbst beseitigen«. »Hunderte Feuerstellen, an denen man das Mineral röstet, brennen hier und dort und vergiften die Atmosphäre.« Die dem Verbrennungsprozess entstammenden Dämpfe »lassen alle Vegetation im Umfeld verwelken«, während andere Substanzen durch die Gewässer abgetragen würden. So habe das eisenhaltige Wasser der Flüsse Odiel und Río Tinto alle Fische und Krustentiere verenden lassen.[137] Als scharfsinniger Beobachter der vom Menschen verursachten Umweltzerstörung sparte Reclus nie mit Kritik an der kapitalistischen Ausbeutung und Verunstaltung der Natur. Im Vergleich zu dem, was Tornet sieben Jahre später vorfand, blieb diese Beschreibung allerdings noch eher vorsichtig formuliert.

»Der Rauch war derart undurchdringlich«, hieß es im Bericht eines gewissen Juan Caballero, über dessen Hintergrund wenig bekannt ist, »dass man Personen aus zehn Metern Entfernung nicht mehr erkennen konnte und von der Sonne nur noch einen brennend-rötlichen Ring erblickte. Der Himmel erhellte sich erst gegen zehn Uhr vormittags, als ob die Sonne erst um diese Uhrzeit aufgehen würde.«[138] Andere Zeugen sprachen von »verbrannten« Wiesen, Weideflächen und Gärten. Blühende Obstbäume warfen ihre Blüten ab, nachdem sie von Rauchschwaden heimgesucht worden waren, während sich die Eichenblätter rot färbten und abfielen, »als ob es die Jahreszeit dafür wäre«. Auch wenn sich die Eichen häufig erholten, trugen sie danach weniger Blätter und Eicheln, die aber für die örtliche Schweinezucht wichtig waren.[139]

Dass es sich dabei nicht nur um eine pathetische Beschreibung mit apokalyptischer Note handelte, zeigen die nüchternen Zahlen der Produktionseinbrüche zwischen 1850 und 1876. In einer an eine Mine angrenzenden Gemeinde brach die Produktion von Weizen um 88% ein, jene von anderen Getreidearten wie Hafer und Roggen um 92%, während sich die Ziegen- und Schafhaltung um 91% respektive 80% reduzierte. Eine besondere Krise durchlief die Bienenzucht, wo die Zahl der Bienenstöcke um 99% zusammensackte. In einem größeren Umkreis von insgesamt zehn Kommunen der Minenregion starben vier von fünf Bienenvölkern aus.[140] Insgesamt war eine Fläche von 2.000 Quadratkilometern von den ökologischen und gesundheitlichen Folgen des Mineralienabbaus betroffen.[141]

Trotz dieser ökologischen Verwüstung wurde diese andalusische Minenregion von den herrschenden Eliten zum Prunkstück des spanischen Kapitalismus erkoren. Als weltweit führende Produktionsstätte für Kupfer stand die Gegend unter fester Kontrolle des ausländischen, vor allem britischen Kapitals. Ganz im Geiste der liberalen Staatsreform der 1870er Jahre wurde 1873 die staatliche Mine von Riotinto – die größte der Region – an ein britisches Unternehmen verkauft. Es war eine Zeit des triumphierenden Wirtschaftsliberalismus, des schlanken, wirtschaftsfördernden Staates, in der sich Ressourcenexporte problemlos auf Wohlstand, Freiheit und Entwicklung zu reimen schienen. Der Pyrit-Abbau in Andalusien galt als Weg, um die zurückgebliebenen Bauernregionen Südspaniens aus der angeblichen Ignoranz zu befreien und in den wohltuenden Strudel des industriellen Fortschritts hineinzuwerfen.

Das, was die heutigen Lobsänger des Wirtschaftsliberalismus eine bedauerliche, aber unvermeidliche ökologische »Externalität« nennen würden, ergab sich aus den spezifischen Eigenschaften des abgebauten Minerals und der angewandten Methoden zur Kupfergewinnung. Der Pyrit hatte in der Regel nur einen schwachen Kupfergehalt von 2–4%. Um das rötliche Metall zu gewinnen, wurde der Pyrit in Haufen von jeweils 200 Tonnen angezündet und durchlief einen fünf bis sechs Monate andauernden Kalzinationsprozess. Auf diese Weise wurde das Kupfersulfid in Kupfersulfat umgewandelt, das wiederum in großen Becken mit Eisenstäben in Kontakt gebracht wurde, wodurch sich Kupfer und Eisensulfat gewinnen ließen.

Durch den monatelangen Verbrennungsprozess gelangte Schwefeldioxid in die Luft, das Lungen und Verdauungstrakte angriff. In Kontakt mit feuchter Luft entstand zudem Schwefelsäure, die Ernten zerstörte und Wasser vergiftete. Als ab den 1870er Jahren die Kupfergewinnung und damit auch die umweltschädliche Verbrennungsmethode stark zunahm, bildete sich breiterer Widerstand gegen die brennenden Pyrithaufen – die wegen ihrer an die Form des lokalen Brotes erinnernden Gestalt »teleras« genannt wurden. Dieser Widerstand durch Anwohner*innen und Minenarbeiter stellt ein »Lehrbuchbeispiel« von »erstaunlicher Modernität« für die Erforschung von Umweltkonflikten dar, wie es der Historiker Gérard Chastagnaret in einer jüngst erschienenen umfangreichen Studie formuliert.[142] Für den katalanischen Ökologen Joan Martínez Alier handelte es sich hierbei um eine typische »Umweltbewegung der Armen«, da die Akteure nicht in elitärer Manier für den Schutz einer unberührten Natur einstanden, sondern schlichtweg für den Erhalt ihrer Lebensgrundlage und die Integrität ihrer Körper kämpften.[143]

Liberalisierung der Umwelt

Die Unzufriedenheit der lokalen Bevölkerung mit dem Ressourcenabbau hatte deshalb zu dem Zeitpunkt, als Tornet 1883 diese Mondlandschaft durchwanderte, eine lange Geschichte. Die erste dokumentierte Klage gegen die Verschmutzung geht auf das Jahr 1846 zurück. Über Jahrzehnte beklagten sich immer wieder Betroffene, sowohl reiche Großgrundbesitzende wie auch arme Kleinbäuerinnen und -bauern. Mit der Zunahme des Ressourcenabbaus ab Mitte der 1870er Jahre wuchs auch die Unzufriedenheit. Wie es im südspanischen Patronatssystem üblich war, übernahmen die Bürgermeister und Notabeln der an die Minen angrenzenden Gemeinden regelmäßig die Führung solcher Einsprachen und Protestbekundungen und forderten vom Zentralstaat gesetzliche Maßnahmen. So ließ der Bürgermeister von Zalamea, das in der Nähe der Mine Rio Tinto liegt, 1877 verlauten, dass »das Verschwinden jeglicher Vegetation« drohe. Katastrophale Konsequenzen für die Vieh- und Bienenzucht genauso wie für die Landwirtschaft waren ihm zufolge zu befürchten.[144]

Auch der spanische Zentralstaat konnte die ökologischen Probleme nicht mehr einfach ignorieren. Doch das von staatlicher und unternehmerischer Seite gewählte Vorgehen war dabei typisch für die »Lösung« von Umweltkonflikten, sowohl damals als auch heute. Zunächst einmal wurden ein Verbot oder eine Begrenzung der Verbrennung unter freiem Himmel als Unmöglichkeit abgetan. Jede Maßnahme hatte sich dem unverrückbaren Gebot der Profitmaximierung zu beugen. Als Mittel zur Schadensbegrenzung wurde nunmehr einzig die finanzielle Entschädigung in Betracht gezogen. Indem die Minenunternehmen das verwüstete Land aufkauften, sollten geschädigte Landbesitzer eine finanzielle Kompensation erhalten. Dies schuf nicht nur Raum für Willkür bei der Einzonung der als besonders betroffen geltenden Parzellen. Die Natur wurde schlichtweg kommodifiziert, als ob die Transformation des verschmutzten Grundstückes in eine Ware die Ursache der Umweltzerstörung beseitigen könnte. Die Natur wurde fragmentiert, austauschbar gemacht und auf monetäre Kriterien reduziert. Vergessen gingen die Vernetzung der Ökosysteme und die emotionalen, sozialen und kulturellen Dimensionen der Naturverhältnisse. Zu den Strategien der Minenunternehmen gehörte aber auch die weit weniger subtile Ausübung direkter Kontrolle über die politischen Ämter der Region. So wurde der Richter der Gemeinde Riotinto faktisch vom britischen Unternehmen Rio Tinto ernannt.

Die Konsequenz dieser Politiken war, dass umweltzerstörerische Praktiken als notwendiges Übel legitimiert wurden. Das Verbrennen der Pyrithaufen sollte nicht reguliert oder – wie zunehmend von Anwohnenden gefordert – durch umweltschonendere Methoden ersetzt werden. Stattdessen wurde es zu einem unvermeidbaren Wermutstropfen eines sicheren und erfolgversprechenden Gangs in eine arbeitsame und zivilisierte Zukunft. Der Protest gegen die Kupfergewinnung aus Pyrit in dieser südspanischen Minenregion ist nicht nur ein »Lehrstück« für Umweltkonflikte, sondern auch eines für den Umgang der Behörden und Unternehmen mit Umweltverschmutzung – ein typischer Fall der »Liberalisierung« der Umwelt, wie sie Umwelthistoriker*innen beschreiben. Eine solche Liberalisierung ist in allen sich industrialisierenden Ländern des 19. Jahrhunderts zu beobachten. Umweltschäden wurden »naturalisiert« und Beschwerdemöglichkeiten eingeschränkt. War es beispielsweise der Polizei des französischen *Ancien Régime* noch möglich, umweltschädliche Aktivitäten im Namen des öffentlichen Interesses zu verbieten, wurde diese Möglichkeit unter dem Einfluss des liberalen Dogmas im Laufe des 19. Jahrhunderts in allen sich industrialisierenden Ländern zunehmend eingeschränkt.[145] Verallgemeinernd lässt sich sagen, dass in den industrialisierten Ländern die Rechtsgrundlagen zur strafrechtlichen Verfolgung von Umweltverschmutzern schrittweise abgeschafft und durch zivilrechtliche Mechanismen – etwa finanziellen Kompensationen von Geschädigten – ersetzt wurden. Die Historiker François Jarrige und Thomas Le Roux sprechen deshalb von einer »regelrechten Vermarktung (Kommodifizierung)« der Umwelt.[146]

Öffentliche Gesundheit

Eine zusätzliche Strategie des spanischen Staates und der Minenunternehmen zur Liberalisierung der Umwelt bestand darin, die

Einflüsse der giftigen Dämpfe auf die körperliche Gesundheit aus der öffentlichen Diskussion herauszuhalten. Chastagnaret spricht diesbezüglich von einem gut gehüteten »Staatsgeheimnis«.[147] Von den gesundheitlichen Folgen waren natürlich nicht alle im selben Maße betroffen. Das britische Minenpersonal hauste meist in höhergelegenen, durch die Windrichtung geschützten Anwesen.

Doch genau diese gesundheitsschädliche Komponente des Kupferabbaus erlaubte es der lokalen Bevölkerung, die Macht der Minenunternehmen herauszufordern und Fragen der menschlichen Gesundheit und der Umweltzerstörung miteinander zu verknüpfen. Die Wende setzte um 1886 ein. Damals begannen einige Gemeinden, sich auf einen Passus des Gemeindegesetzes zu berufen, der es ihnen erlaubte, im Namen der Aufrechterhaltung von Gesundheit und Hygiene behördliche Maßnahmen – etwa das Verbot der Kalzination – zu ergreifen. Zugleich ließ der Fokus auf die körperliche Gesundheit eine Allianz mit den Minenarbeitenden möglich werden. In dieser Gemengelage von unterschiedlichen Akteuren und Forderungen traten zwei Kollektive hervor.

Da war zunächst die »Liga gegen den Rauch«, welche 1880 von Gemeinderäten und Bürgermeistern gegründet worden war und den Austausch zwischen verschiedenen Dörfern und ihren Anwohner*innen sicherstellen sollte. Die Liga war nicht grundsätzlich gegen die Minenunternehmen, sondern suchte einen Weg, die Minenaktivitäten mit den Interessen der besitzenden Bauern – sowohl Großgrundbesitzende als auch Kleinbäuerinnen und Kleinbauern – in Einklang zu bringen. Eine Lösung sahen die Mitglieder der Liga im Verbot der Kalzination unter freiem Himmel und der Anwendung anderer, nicht rauchentwickelnder Methoden, wie sie bereits im nachbarschaftlichen Portugal eingesetzt wurden.

Da waren aber auch die Minenarbeiter selbst. Die meistens aus Galizien, Extremadura oder Portugal stammenden Männer kamen aus Regionen mit geringer anarchistischer Tradition, weshalb sie von den Unternehmen bevorzugt eingestellt wurden. Ab den frühen 1880er Jahren begann aber die anarchistische Kultur auch die Minenregionen zu durchdringen. An ihren Forderungen für bessere gesundheitliche Arbeitsbedingungen lässt sich sehen, wie prägend und belastend der Rauch im Arbeitsumfeld war. Der Rauch griff nicht nur die Lungen an, sondern beeinflusste auch die Entlohnung ganz direkt. Denn obwohl die Minenarbeiter mehr verdienten als Landarbeiter, war ihr Verdienst großen Schwankungen ausgesetzt. Wenn sich an gewissen Tagen und bei bestimmter Witterung derart viel Rauch ansammelte, dass die Arbeit eingestellt werden musste, erhielten die Arbeiter keine oder nur eine geringe Entschädigung. Weiter kämpften die Arbeitenden gegen den medizinischen Dienst, wie ihn die Minenunternehmen den Angestellten zur Verfügung stellten. Dieser wurde fast zur Hälfte mit Lohnabzügen finanziert und nötigte die Arbeiter, zu einem dem Unternehmen hörigen Arzt zu gehen, der die Existenz von arbeitsbedingten Krankheiten nur ungern anerkannte.

Es war diese Mischung aus unzufriedenen Gemeinden, in denen Gemeinderäte und andere lokale Würdenträger die Unzufriedenheit der bäuerlichen Bevölkerung gegen die umweltschädlichen *teleras* repräsentierten, und einer aufrührerischen Arbeiterschaft, welche ab Ende 1887 diesem Umweltkonflikt einen explosiven Charakter gab. Die Agitation der Liga und der Arbeitenden richtete sich sowohl gegen die Unternehmen als auch gegen jene Gemeinden, welche sich einem Verbot der Kalzination unter freiem Himmel widersetzten.

»Jahr der Schüsse«

In diesem Landstrich also fand nun Maximiliano Tornet 1883 eine Arbeit in der Mine von Rio Tinto. Zunächst arbeitete er bei den Öfen. Wegen auf den Rauch zurückzuführender Blutungen wurde er jedoch schnell versetzt. Dabei half ihm mit Sicherheit auch seine Bildung. Da er rechnen und schreiben konnte, war er zunächst Abwieger, dann Arbeitszeiterfasser. 1886 heiratete er und wurde Vater. Im August 1887 wurde er jedoch entlassen und wegen Störung der öffentlichen Ruhe angeklagt. Er habe revolutionäre Zeitungen verteilt, lautete die Anklage. Nach zwei Monaten im Gefängnis setzte er seine Agitation unter den an den Öfen und Kalzinationsplattformen arbeitenden Minenarbeitern fort, bis ihm das Unternehmen Rio Tinto den Zugang zur Mine untersagte. Laut Chastagnaret gibt es Anzeichen, dass er bereits Monate davor Kontakte zu den Kämpfern gegen die Luftverschmutzung der Liga unterhielt. Womöglich profitierte er auch von einer Zurückhaltung der ebenfalls rauchgegnerischen Richter und Bürgermeister, die nicht ganz unglücklich damit waren, dass sich der ehemalige kubanische Unabhängigkeitsaktivist zu einer führenden Figur in diesem Kampf entwickelte. Obwohl es sich ganz klar um eine Massenbewegung mit einer jahrzehntealten Vorgeschichte handelte, war es mitunter nur dem Geschick Tornets zu verdanken, dass sich diese breite politische Front gegen die Minenunternehmen auftat.

Ende Januar 1888 hörte der Gemeinderat einer Nachbargemeinde von Riotinto die Anliegen der Minenarbeiter an. »Die proletarische Klasse wird von den Ausbeutern bedroht«, hielten sie in einem Dokument fest. An ihrer Unterstützung des Kampfes gegen die Kalzination unter freiem Himmel ließen die Arbeiter keine Zweifel, da sie »jeden Tag Erstickungsopfer zu beklagen« hatten. Doch blieb es nicht nur bei einer schriftlichen Ankündigung – tags darauf zogen streikende Minenarbeiter durch die Straßen der Gemeinden Riotinto und Nerva und forderten das Verbot der Kalzinationen und die Rücknahme einer geplanten Lohnsenkung. Um die explosive Allianz zu entkräften, gaben die Unternehmen dieser Lohnforderung statt und wähnten sich schon wieder in Sicherheit. »Es herrscht wieder Ordnung in der Minenregion«, schrieb der Gouverneur der Provinz selbstsicher dem zuständigen Minister in Madrid.[148] Diese Ruhe war indes trügerisch, denn die Arbeitenden bereiteten für den 1. Februar einen Generalstreik vor. 5.000 Minenarbeitende sollen sich an diesem Mittwoch vor dem Gemeindehaus von Riotinto versammelt haben. Eine Delegation von drei Arbeitern überbrachte die Forderung nach dem Verbot der Kalzination. Anders als bei der Forderung nach besseren Löhnen richteten sich die Arbeiter somit geschickt an die kommunale Instanz, die im Rahmen des Gemeindegesetzes diese Methode hätte verbieten können. Laut Zeitungsberichten zeigte sich auch die dörfliche Bevölkerung solidarisch. Das Theater wurde angezündet, die Briten beschimpft und mit Steinen beworfen. Der Druck der Rauchgegner und der Arbeiter richtete sich nun auf die zwei verbleibenden Gemeinden der Minenregion, die die Kalzination noch nicht verboten hatten.

Wieder durch die ihnen freundlich gesinnte Gemeinde von Zalamea angehört, stellten die Arbeiter zudem folgende Forderungen auf: keine Lohnabzüge für medizinische Versorgung, keine Buße bei Verlust des Büchleins, in dem Lohnvorzahlungen notiert werden, eine Reduktion der täglichen Arbeitszeit von 12 auf 9 Stunden, keinen Akkordlohn, keine Bußen, keine Lohnabzüge bei Arbeitsunmöglichkeit aufgrund von Rauch, Entlassung des Abteilungsleiters.[149] Die Arbeiter und Tornet hatten verstanden, dass ihr Sieg von einem doppelten Kräfteverhältnis abhing. Einerseits ging es darum, Druck auf die widerspenstigen und von Minenunternehmen kontrollierten Gemeinden auszuüben, damit sie die Kalzinationen verbieten. Andererseits mussten die Unternehmen direkt herausgefordert werden, um eine Verbesserung der Arbeitsbedingungen zu erwirken.

Infolgedessen stieg die Nervosität der Behörden und die Armee wurde mobilisiert. Am 4. Februar strömten tausende Menschen nach Riotinto. Wie viele es waren, ist rückblickend schwer zu beurteilen. Chastagnaret findet 12.000 eine glaubhafte Zahl.[150] »Nieder mit dem Rauch«, sei geschrien worden. Und auch »es lebe die Landwirtschaft«, »wir wollen Gerechtigkeit« und – dies bestimmt im Sinne der ordnungsaffinen Gemeindevertreter – »es lebe die öffentliche Ordnung«, was durch die Nationalflagge unterstrichen wurde, die den Demonstrationszug anführte.

Nun endlich ließ sich der Gouverneur blicken. Nach kurzen Verhandlungen soll er seiner Gefolgschaft gesagt haben: »Meine Herren, seht nur, mit diesen Leuten kann man nicht diskutieren.« Die Armee schoss auf die Demonstration und richtete das »wahrscheinlich größte Arbeitermassaker außerhalb von Zeiten schwerer innerer Unruhen in Europa an«.[151] Die Opferzahlen sind ungewiss. Da es sich mehrheitlich um auswärtige Arbeitende handelte, die keine Familie vor Ort hatten und in den Gemeinden nicht registriert waren, blieben die offiziell anerkannten Todeszahlen wohl weit unter der realen Opferzahl. Chastagnaret betrachtet die Schätzung von 200 Toten als realistisch.

Enthemmung

Schon vor dem Massaker bestand die Strategie von Staat und Minenunternehmen darin, die Umweltverschmutzung als normal darzustellen und mithilfe von unternehmenskonformen Kompensationsmechanismen zu legitimieren. Auch nach dem 4. Februar 1888 wurde diese Methode fortgesetzt. Als das Parlament die Affäre um das Massaker diskutierte, ergriff der Parlamentarier und Minenlobbyist Enrique Bushell das Wort. Natürlich gestand er den Rauchgegnern zu, dass es »einige Erstickungstote wegen des Rauchs« geben könnte. »Doch ich«, so Bushell, »der ich mich inmitten des Rauchs befunden habe, der getestet hat, was dieser Rauch ist, der die Mediziner vor Ort und außerhalb der Region konsultiert hat, ich habe verstanden, dass dieser Rauch tatsächlich schädlich sein kann für eine an der Brust erkrankte Person, im Gegensatz dazu aber eine große Anzahl an Krankheiten in dieser Region verhindert. Schaut nur, was mit der Cholera, den Pocken, der Malaria und einer endlosen Zahl von anderen Krankheiten geschehen ist.«[152]

Unter Druck der öffentlichen Aufmerksamkeit verabschiedete der zuständige Minister Ende Februar ein Dekret, das den innerhalb von drei Jahren zu erfolgenden Ausstieg aus der Kalzination unter freiem Himmel vorsah. Damit wurde der Bewegung gegen den Rauch definitiv der Wind aus den Segeln genommen, während die Unternehmen jahrelang Zeit bekamen, um dieses Dekret zu sabotieren. Eine Strategie zur Sabotage des Dekrets bestand in der Gegenüberstellung von Arbeitsplätzen und Umwelt- bzw. Gesundheitsschutz. »Antihumanisten« wurden die »antihumistas«, die Rauchgegner, in einem Wortspiel genannt. Und eine »Expertengruppe« aus der Akademie für Medizin wurde in die Minenregion eingeladen, um die Lage zu begutachten. In ihren Berichten beschrieben die Mediziner die Schwefelsäure als »Medikament«, die Klagen der Anwohnenden als »Frivolitäten«.[153] Diese Gegenoffensive war ein voller Erfolg: Das Dekret wurde nie rechtskräftig. Während das Minenunternehmen von Tharsis schon bald auf eine andere, rauchlose Methode der Kupfergewinnung überging, erlosch in Rio Tinto die letzte *telera* erst im Jahr 1907.

Der französische Umwelthistoriker Jean-Baptiste Fressoz würde dies als typische Strategien der »Enthemmung« bezeichnen. Moderne Gesellschaften waren ihm zufolge nicht einfach blind, was die ökologischen und gesundheitlichen Folgen der Industrialisierung betraf. Um aber die zahlreichen Widerstände dagegen zu neutralisieren, wurde die Gefahr der Umweltzerstörung heruntergespielt oder geleugnet. Die kapitalistischen Zerstörungskräfte wurden dadurch enthemmt und konnten gleichzeitig in eine Freiheit und Überfluss versprechende Erzählung eingebettet werden.[154]

Solidarität und Vergessen

Trotz des Versuchs, die Agitation und Empörung infolge des Massakers klein zu halten, entwickelte sich das »Jahr der Schüsse« zu einer Staatsaffäre. Auch die anarchistische Bewegung Barcelonas solidarisierte sich mit den streikenden Arbeitenden Andalusiens. In der libertären Zeitung *El Productor* konnte man in der Ausgabe vom 10. Februar 1888 Folgendes lesen: »Felder, die früher für ihr üppiges Leben und ihre glänzende Schönheit gepriesen wurden, wurden zu Ödland wegen der stinkenden Atmosphäre, die entsteht, weil ein Unternehmen den Ruin eines Landkreises in Reichtum für einige wenige verwandelt.« Es wurde der Toten und Verletzten gedacht, die für das Verbot einer Abbaumethode kämpften, die in England – dem Standort des Minenkonzerns – längst verboten war. »Witwen und hilflose Waisenkinder« sowie Landarbeiter seien zurückgelassen worden, die mit Trauer auf die »sterilen Felder« blickten.[155]

Schon einen Tag später stand in der berühmten anarchistischen Zeitung aus Paris *La Révolte* eine kurze Notiz zum Massaker. Eine Bewegung gegen die Unternehmer, die Pyrit unter freiem Himmel verbrennen und dadurch die »Umwelt vergiften«, habe sich vor wenigen Tagen ereignet, informierte das anarchistische Blatt und solidarisierte sich mit den aufständischen Arbeitenden.[156] In einer späteren Ausgabe lieferte dann *El Productor* eine eindrückliche Analyse der Zusammenhänge zwischen der Umweltzerstörung und den zahlreichen Angriffen auf die menschliche Gesundheit: Der »Ruin der Landwirtschaft in einem großen Landstrich, der Anstieg der Todesrate der Bewohner, das Ersticken der Arbeiter, die geringen Löhne und die zahlreichen Arbeitsunfälle, welche die Arbeitenden töten oder arbeitsunfähig machen«, würden von einem Unternehmen in »Gold für die Aktionäre« umgewandelt. Im Namen des »natürlichen und unbedingten Rechts auf Leben« hätten die Menschen friedlich demonstriert und etwas eingefordert, das selbst die bürgerliche Rechtsordnung in England bereits anerkennen würde. Am 24. Februar 1888 startete die *Federación Libertaria de Barcelona* schließlich mit folgenden Worten eine Spendenaktion, die bis in den Sommer desselben Jahres andauern sollte: »Dort, wo sich ein Arbeiter befindet, existiert ein Bruder von uns. Seine Triumphe betrachten wir als die unsrigen; seine Niederlagen sind unsere Niederlagen. [...] wir fühlen uns verpflichtet, den Familien von unseren dort verstorbenen Brüdern zur Hilfe zu eilen.«

Maximiliano Tornet derweil hatte bereits unmittelbar nach dem Massaker das Land in Richtung Portugal verlassen. Kurz darauf flüchtete er nach Argentinien, wo insbesondere italienische und spanische Migrant*innen seit einigen Jahren Arbeiter*innenorganisationen aufbauten. Doch Tornet zog sich definitiv aus dem politischen Leben zurück. Aus diesem Grund wurde seine politische Erfahrung nicht in den argentinischen Anarchismus eingeflochten. Quiroule war zu jener Zeit noch nicht in anarchistischen Kreisen aktiv. Auch wenn er Tornets Kampf zweifellos unterstützt hätte und er immer wieder Kritik an gesundheitsschädigenden Industrien äußerte, blieb ihm dieses Lehrstück für Umweltkämpfe von gestern und heute wahrscheinlich unbekannt. Diesen kostbaren Erfahrungsschatz wieder zu entdecken und zu heben, ist Aufgabe der hier unternommenen Spurensuche.

Selbst in anarchistischen Kreisen Spaniens erinnerte man sich weder dieser außergewöhnlichen Person noch dieser außergewöhnlichen Allianz zwischen Rauchgegnern und Minenarbeitern. 1913 wurde in der Zeitung der jüngst gegründeten anarchosyndikalistischen Gewerkschaft CNT zwar der Opfer des Massakers gedacht. Dass diese ermordeten Minenarbeiter ein würdiges Leben, für das sie starben, nicht nur als finanziell abgesichertes Leben definierten, sondern auch als Leben, in dem man reine Luft zum Atmen hatte, wieder die Sonne am Horizont erblicken, den Bienen zuschauen und die blühenden Obstbäume bestaunen konnte, wurde nicht erwähnt.[157]

Doch die Geschichte ist nie zu Ende. Einen Umweltschutz der 99% zu entwickeln, bedeutet auch, diesen vergessenen Strang der Geschichte wiederzuentdecken und eigene Geschichten anzuknüpfen, in denen Schutz der Natur auch Schutz des menschlichen Körpers bedeutet.

4

Abolition ecology. Oder: Was Umweltschutz mit Antirassismus zu tun hat

Man müßte womöglich ganz von vorne anfangen: die Art der Exporte und nicht nur ihre Bestimmungsländer ändern, den Boden und die Bodenschätze, die Flüsse und am Ende auch noch die Sonnenstrahlung nach neuen Möglichkeiten durchforschen.

Frantz Fanon, 1961

Verschiedene Autor*innen wie etwa die Journalist*innen Chris Hayes oder Naomi Klein haben auf die Parallelen zwischen dem Abolitionismus und dem Kampf gegen den Klimawandel hingewiesen.[158] Aus verschiedenen Gründen trifft dieser Vergleich zu. *Erstens* brachte die rechtliche Abschaffung der Sklaverei im 19. Jahrhundert einen tiefgreifenden sozialen, wirtschaftlichen und kulturellen Wandel mit sich. Die Versklavung von Millionen von Menschen war nicht einfach das Überbleibsel einer vormodernen, präkapitalistischen Wirtschaftsform, sondern entscheidend für den sich industrialisierenden Kapitalismus. Während in den nördlichen Zentren menschliche Muskelkraft zusehends durch fossile Energieträger ersetzt wurde, setzte das Kapital in den Plantagen und Minen der europäischen Kolonien sowie der Amerikas weiterhin auf den massiven Einsatz menschlicher Körperkraft. Es hat nie einen imperialistischen Kapitalismus ohne Rassismus gegeben. Das, was einige als *racial capitalism* bezeichnen, ist das Resultat von alten rassistischen Unterdrückungsformen, die die Entstehung des Kapitalismus entscheidend mitprägten, von kapitalistischen Gesellschaften in ihrer Entwicklung aber auch moduliert wurden.[159] Der Kampf gegen die Sklaverei und andere Formen der Zwangsarbeit rüttelte somit an einigen zentralen Grundpfeilern des damaligen Kapitalismus. Dieser Wandel wurde *zweitens* nicht von oben dekretiert, sondern war das Resultat von vielfältigen Formen des Widerstands von unten durch Flucht, Desertion, Arbeitsverweigerung usw. So beschrieb der US-amerikanische Bürgerrechtler

W. E. B. Du Bois die Abschaffung der Sklaverei in den USA als Resultat eines »Generalstreiks« der Sklaven. Ein ähnlicher kultureller und sozio-ökonomischer Wandel »von unten« ist auch heute nötig, um gegen die drohende Umweltkatastrophe vorzugehen. *Drittens* bedeutete die Abschaffung der Sklaverei eine gigantische Kapitalentwertung. Allein in den USA belief sich 1860 der monetäre Wert der gehaltenen Sklav*innen in heutigen Zahlen auf ca. 10 Billionen US-Dollar – Kapital, das durch die Abschaffung der Sklaverei im Jahr 1865 vernichtet wurde.[160] Ein ernst gemeinter Kampf gegen den Klimawandel würde einer vergleichbaren Kapitalentwertung gleichkommen. Sollen nämlich die Klimaziele eingehalten werden, muss der größte Anteil – die Rede ist von 60–80%[161] – der bekannten Erdöl-, Kohle- und Erdgasvorkommen im Boden bleiben. Hinzu kommt *viertens*, dass in den vielfältigen Widerständen gegen Versklavung auch andere Naturverhältnisse gesucht wurden. In den Gemeinschaften geflüchteter Sklaven seit dem 17. Jahrhundert sowie in anderen Praktiken des Widerstandes sehen wir Versuche und Ansätze, die Welt anders zu bewohnen. Wollen wir den Umweltschutz von seinem kolonialen und rassistischen Erbe befreien, müssen wir diese Praktiken und Experimente ernst nehmen.

Die ökologische Aktualität des Abolitionismus »von unten« ergibt sich schließlich auch daraus, dass mit dem Verbot der Sklaverei weder die Sklaverei an sich verschwunden ist,[162] noch die tiefsitzenden Strukturen eines *racial capitalism* überwunden wurden.[163] Noch immer setzt der Kapitalismus auf rassistische sowie geschlechterspezifische Ausbeutungs- und Unterdrückungsformen, die immer auch eine ökologische Dimension besitzen. So sind etwa People of Colour besonders von Umweltverschmutzung sowie schlechter Wasser- und Gesundheitsversorgung usw. betroffen. Allein in den USA leben mehr als eine Million Afroamerikaner*innen weniger als eine Meile von Gaskraftwerken entfernt, was die Krebsrisiken für diese Menschen erhöht. Weiter übersteigt die Luftverschmutzung in vielen afroamerikanischen Communities die gesetzlichen Grenzwerte, weshalb es zu überdurchschnittlich vielen Asthma-Erkrankungen kommt.[164] Wenn struktureller Rassismus bedeutet, dass bestimmte Gruppen der Gefahr eines vorzeitigen Todes ausgesetzt werden, wie die Geografin und Abolitionistin Ruth Wilson Gilmore schreibt, dann muss Umweltschutz antirassistisch sein.[165]

Umgekehrt haben unter diesen Voraussetzungen die gegenwärtigen antirassistischen Kämpfe eine ökologische Relevanz. Denn die Kämpfe gegen die repressiven, diskriminierenden, ausbeuterischen und entmenschlichenden Strukturen des real existierenden Kapitalismus, wie sie in der Polizeigewalt, den Masseninhaftierungen oder den kaputtgesparten öffentlichen Diensten zum Ausdruck kommen, prangern dieses strukturelle einem vorzeitigen Tod Ausgesetzt-Sein an. Sie widersetzen sich, mit anderen Worten, einem System, das gewisse Menschen abwertet, um sie auszubeuten und ihnen die Last zerstörter Ökosysteme und heruntergewirtschafteter Sozialwerke aufzubürden.

Jedes Mal, wenn sich ein Sklave aufbäumt und für Freiheit kämpft, schrieb der argentinische Anarchist und Schriftsteller Rodolfo González Pacheco, erschüttert etwas »Ewiges und Angenehmes« das Herz eines Menschen. Denn Freiheit ist eine »Kraft mit Flügeln: Sie rüttelt uns auf und lässt uns aus allen Abgründen aufsteigen«.[166] Wenn Freiheitskämpfe von Sklav*innen für González Pacheco eine universalistische Energie und Botschaft transportierten, stellt sich die Frage, wer denn seinem Verständnis nach zu den Sklav*innen gehörte. Diese Frage ließe sich auf die gesamte Tradition des Anarchismus aus jener Zeit übertragen. Für viele Anarchist*innen war nämlich »Sklaverei« eine abstrakte Metapher für jegliche Form der Unterdrückung und Ausbeutung. Was dadurch auf der universalisierenden Seite gewonnen wurde, ging häufig auf der Seite der konkreten Lebensverhältnisse der »Versklavten« verloren.

So etwa beim argentinischen Arzt und Anarchisten Emilio Arana. In einer 1898 gehaltenen Rede informierte er seine Zuhörenden über die »antike und moderne Sklaverei«. Denn von Sklaverei sprechen hieß für Arana auch, über eine Unterdrückungsform nachzudenken, »die es seit Menschengedenken gibt«[167] – von der Antike über das europäische Mittelalter, die Französische Revolution bis in Aranas Gegenwart. Mit Leichtigkeit fasst er unterschiedliche Formen der Unterdrückung unter einen Begriff. In seinen Sprüngen über die historischen Epochen schreitet er jedoch konsequent und sorglos über die seit ca. 1450 vorherrschende »Besitz-Sklaverei« von mehrheitlich aus Afrika stammenden Sklav*innen im atlantischen Raum hinweg. Nur dreizehn Jahre nach der rechtlichen Abschaffung der Sklaverei auf Kuba und nur elf Jahre nachdem auch Argentiniens Nachbarland Brasilien als letztes Land der westlichen Welt die Sklaverei formell verboten hatte, sah Arana keinen Anlass, von dieser Form der Sklaverei zu berichten. Sklaverei war für ihn eine Metapher für die »Sklaverei in der Werkstatt, die ländliche Sklaverei, die Sklaverei der Kaserne, die intellektuelle Sklaverei« – und, als Feminist, auch »die häusliche Sklaverei«.[168]

Nicht dass der globale Anarchismus des späten 19. und frühen 20. Jahrhunderts diese Blindheit für die Unterdrückung von aus Afrika stammenden Sklav*innen immer und überall reproduziert hätte. Verschiedene Anarchist*innen aus jener Zeit sprachen sich regelmäßig gegen die Sklaverei, den Kolonialismus und Rassismus aus. Die Leichtfertigkeit, mit der Sklaverei als Metapher für jegliche Unterdrückung verwendet wurde, steht allerdings im auffallenden Kontrast zur spärlichen Auseinandersetzung mit den konkreten Lebensbedingungen der Sklav*innen – und vor allem ihren Widerständen. Vom Anarchismus ausgehend die Konturen eines Umweltschutzes der 99% zu skizzieren, bedeutet somit auch, seine eurozentristischen und rassistischen Vorurteile und Stereotype zu durchbrechen.

Rebellion auf der *Amistad*

Eine Ausnahme bei der geringen anarchistischen Auseinandersetzung mit aus Afrika stammenden Sklav*innen bildet ein kleiner Roman von Pierre Quiroule. Dieser Text gehört in das Kapitel der Ausnahmen, die die Regel bestätigen – zumindest für den argentinischen Anarchismus der ersten Jahrzehnte des 20. Jahrhunderts. Da es jedoch an dieser Stelle gerade nicht um eine regelhafte Geschichte geht, sondern um das Zusammensetzen von verstreuten Bruchstücken, um schmale Ritzen, durch die ein

Blick auf eine andere Vergangenheit und Zukunft zu erhaschen ist, möchte ich nun den Spuren dieser Ausnahme folgen.

1923 erschien in Buenos Aires beim bekannten anarchistischen Verlag Fueyo dieser »historische Roman«. *Ein schwarzer Spartakus (die Tragödie der »Teach«)* lautet der etwas sperrige Titel, dem die Unentschlossenheit über die narrative Form anzumerken ist. Der etwa fünfzigseitige Text beginnt mit dem Grauen der kapitalistischen Zivilisation: »Schon seit zweieinhalb Jahrzehnten hat der weiße Mann, habgierig und grausam wie ein Barbar, als Jäger von Negern seine Fangnetze über den brennend heißen afrikanischen Kontinent geworfen.«[169] Die Lesenden werden so an den Anfang des 18. Jahrhunderts versetzt, Zeit der »Kriege zwischen den sklavenhalterischen Großmächten über die Vorherrschaft im Sklavenhandel«, so der Titel dieses Abschnittes. Auf großer historischer Flughöhe führt Quiroule die Lesenden nun über das 18. Jahrhundert, die Abschaffung der Sklaverei durch den revolutionären französischen Konvent am 5. Februar 1794, die Wiedereinführung der Sklaverei durch Napoleon und schließlich zu den Aufständischen in Saint-Domingue (Haiti), »denen es gelungen ist, sich gegen die sklavenhalterischen Kräfte Frankreichs durchzusetzen«.[170]

All dies ist nun aber erst die historische Einführung. Denn die wirkliche Geschichte beginnt 1820, als »aus dem Hafen von Havanna mit vollen Segeln eines der unzähligen Sklavenschiffe ins Meer sticht, dessen feine Silhouette, wie gemacht für die schnelle Flucht, aus Meilen Entfernung die Natur seines Handels verriet«.[171]

Trotz vieler, teils fundamentaler historischer Ungenauigkeiten – darunter die Jahreszahl – erzählt Quiroules Roman die reale Geschichte eines Sklavenaufstandes, der sich am 2. Juli 1839 auf dem Schiff »Amistad« zugetragen hatte.[172] 49 erwachsene männliche Sklaven sowie 4 Kinder (davon drei Mädchen), die aus dem heutigen Sierra Leone gefangengenommen und versklavt worden waren, sollten von Havanna in die kubanische Zuckerregion von Puerto Príncipe – heute Camagüey – verschifft werden. Angeführt vom späteren Helden der Amistad-Rebellion, Joseph Cinqué (bei Quiroule Cinques), gelang den Sklav*innen eine Meuterei. Sie töteten den Kapitän und nahmen ihre Besitzer, Pedro Montes und José Ruiz, gefangen. Da keiner der Aufständischen die Segelkunst beherrschte, zwangen sie Pedro Montes, das Schiff in Richtung aufgehender Sonne in ihre Heimat zurückzufahren. Dieser überlistete jedoch die ehemaligen Sklav*innen und steuerte nach Sonnenuntergang das Schiff erneut in westliche Richtung, bis es nach achtwöchigem Herumirren an der Küste vor Long Island von einem Kutter der US-Navy entdeckt und die Sklav*innen gefangen genommen wurden.

Da der Sklavenhandel seit 1807 verboten war, stellte sich nun die Frage, ob die Aufständischen frei geboren und auf illegale Weise versklavt worden waren. Selbstverständlich versuchten die Sklavenhalter Montes und Ruiz, das Gegenteil zu beweisen und die Gerichte davon zu überzeugen, dass die Amistad-Rebell*innen als Nachkommen von Sklav*innen auf Kuba geboren worden waren. Es entwickelte sich ein jahrelanger Gerichtsprozess, bei dem die Aufständischen von zahlreichen Abolitionist*innen – darunter dem ehemaligen Präsidenten der Vereinigten Staaten, Quincey Adams – politische, materielle wie auch rechtliche Unterstützung erhielten. Schließlich entschied das Oberste Gericht der Vereinigten Staaten im März 1841, dass die Rebell*innen tatsächlich unrechtmäßig versklavt und verkauft worden waren, dass also ihr Akt der Selbstbefreiung legitim gewesen sei. Gemeinsam mit Abolitionist*innen tourten die Aufständischen anschließend durch verschiedene US-amerikanische Staaten, berichteten von ihrem Herkunftsort, der schrecklichen Überfahrt (Middle Passage) sowie ihrem Aufstand. Das bei diesen öffentlichen Auftritten gesammelte Geld wurde schließlich für ihre Rückkehr nach Westafrika im Rahmen eines christlichen Missionsprojekts verwendet. Im Januar 1843 gelang ihnen die lang ersehnte Rückkehr.

In den Erzählungen über diesen Aufstand stand lange Zeit die Rolle der weißen Anwälte und Abolitionist*innen im Zentrum. Auch wenn diese eine entscheidende Rolle spielten, handelte es sich in erster Linie um einen Akt der Selbstbefreiung, der im gesamten atlantischen Raum Aufsehen erregte. Die Aufmerksamkeit, die durch die Ankunft der Aufständischen sowie die Gerichtsprozesse ausgelöst wurde, ließ ein großes öffentliches Interesse für die Sklaverei und die Widerstände dagegen entstehen. Die Amistad-Rebellion trug dazu bei, dass sich Menschen aus populären Schichten vermehrt der Antisklaverei-Bewegung anschlossen.

Während ihrer Zeit in den Vereinigten Staaten lernten die Amistad-Rebell*innen lesen und schreiben und erhielten – natürlich – Bibelunterricht. US-amerikanische Abolitionist*innen wollten darin ein Beispiel dafür erkennen, dass auch Schwarze die Fähigkeit besaßen, sich zu »zivilisieren«. Der Historiker der Amistad-Rebellion, Marcus Rediker, sieht darin aber mehr als nur eine Instrumentalisierung der Aufständischen durch weiße Abolitionist*innen. Indem sie die englische Sprache lernten, gemeinsam mit Dolmetschern, Abolitionist*innen und Seefahrern über ihre Herkunft und Erfahrung sprachen, arbeiteten die Aufständischen aktiv an ihrer Emanzipation mit.

Mithilfe von Quiroules Text finden wir einen schmalen Pfad, der uns aus der weitgehenden Blindheit der damaligen Anarchist*innen für afrikanische Sklav*innen und ihre Widerstände herausführt. Selbstverständlich ist auch dieser Text nicht frei von rassistischen Stereotypen und Mystifizierungen. Dennoch eröffnet dieser Pfad Zugang zu einer langen Widerstandstradition, die in der europäischen Linken – sowohl Anarchismus als auch Marxismus – viel zu wenig beachtet wurde. Diese Tradition zu entdecken, erlaubt einerseits das Verstehen der Zusammenhänge von Kapitalismus, Rassismus und Umweltzerstörung. Damit lassen sich aber auch Elemente eines dekolonialen und antirassistischen Umweltschutzes entdecken – einer »abolition ecology«, die den Kampf gegen rassistische Unterdrückung zu einem zentralen Bestandteil des Widerstandes gegen Umweltzerstörung macht.[173]

Zeitalter der Plantagen

Quiroules Text gibt erste Einblicke in die Brutalität des *racial capitalism*: Vor dem Aufstand richtet sich José Cinqué mit »mystischer Stimme« an seine Mitgefangenen. »Der weiße Mann, der böse Mann, hat uns auf brutalste Weise unserem Land entrissen, wo wir glücklich und frei lebten ...; der weiße Mann trennte uns, ohne Mitleid, von unseren Eltern und unseren geliebten kleinen Söhnen ...; der weiße Mann nahm uns die Liebe und Zuneigung der Geliebten und Ehefrauen [...].«[174]

Im Innenraum des Sklavenschiffs führt uns Cinqué in die intime körperliche und emotionale Erfahrung dessen, was Marx die »sogenannt ursprüngliche Akkumulation« nannte. Er und seine Gefährt*innen wurden gewaltsam vom Boden getrennt, auf dem sie lebten und der mehr als nur eine Ressource für sie darstellte. Das Territorium, von dem Cinqué stammte, war zugleich ein gemeinschaftsstiftendes Element, ein Ort der Beziehungen und Interaktionen zwischen Menschen untereinander sowie zwischen Menschen und ihrer Umwelt. Die Tatsache, dass sich dieser Sklavenaufstand im Zeitalter des Industriekapitalismus ereignete, verdeutlicht, dass diese ursprüngliche Akkumulation nicht einfach den Startschuss zur Entstehung des Kapitalismus markierte und im 19. Jahrhundert nur noch als schwaches Echo zu vernehmen war, sondern als »blut- und schmutztriefender« Prozess unablässig mit der Kapitalakkumulation seine Kreise zog und weiterhin zieht.

Versklavung bedeutete Verlust des Landes, der sozialen Beziehungen und weitgehender Verlust der Kontrolle über den eigenen Körper. Diese gefolterten, vergewaltigten, gefesselten, Hunger, Durst und Krankheiten ausgesetzten Körper waren von der Erde getrennt und konnten keine Kontrolle über ihren eigenen Alltag ausüben. Die Sklaverei produzierte Menschen, die »hors-sol« waren, wie der Politologe aus Martinique Malcolm Ferdinand schreibt.[175]

»Sklaverei und Bodenzerstörung sind miteinander verbundene Ausbeutungssysteme, und es existieren tiefsitzende Verbindungen zwischen der Versklavung von menschlichen Körpern und der Versklavung des Landes.«[176] Denn der Kapitalismus ist von natürlichen und menschlichen Bedingungen abhängig, auf die er kostenlos oder gegen nur geringe Bezahlung zurückgreifen kann – billige Energie, billige Arbeitskräfte, billige Nahrungsmittel und billige Rohstoffe, wie Jason

Moore erläutert.[177] Rassismus war somit von vornherein ein zentrales Dispositiv, das die kompromisslose Aneignung menschlicher Arbeitskraft rechtfertigte, um die Natur den Bedürfnissen der Akkumulation zu unterwerfen. Deshalb ist es nicht verwunderlich, dass parallel zur Entmenschlichung von Indigenen, Afrikaner*innen und Frauen und ihrer Zuteilung in das »Reich der Natur« die Ideologen des Kapitalismus auch einen Hass auf die unberührte und unkontrollierte nichtmenschliche Natur entwickelten. Die koloniale Expansion war ein gigantisches Experiment der Unterwerfung von Mensch und Natur unter die Bedürfnisse der Kapitalakkumulation. Land, das nicht zur Produktion für den Markt genutzt wurde, galt als unproduktiv und damit verschwendet. Und Menschen, die dieses Land nicht »produktiv« nutzten, hatten ihre Besitzrechte verwirkt. John Locke, der berühmte Verfechter des frühneuzeitlichen Kapitalismus, schrieb gegen Ende des 17. Jahrhunderts, dass »[...] Land, das völlig der Natur überlassen ist, das weder durch Viehzucht noch durch Ackerbau oder Bepflanzung veredelt wird, *Ödland* genannt wird, was ja auch seinem tatsächlichen Zustand entspricht; und wir werden sehen, daß sich sein Nutzen auf wenig mehr als auf nichts beläuft«.[178]

Ein Paradebeispiel für die gleichzeitige Ausbeutung von Menschen und die Kontrolle über die Natur bieten die Plantagen. Diese aus den Wäldern herausgeschlagenen, symmetrisch angeordneten, einer einzigen Kultur gewidmeten Landstücke zeigen die Unterwerfung der Natur unter die Bedürfnisse des Kapitals. Gleichzeitig nahmen die Pflanzer in verschiedenen Aspekten das während der Industrialisierung zur Anwendung kommende Arbeitsregime vorweg. Ausgeklügelte Arbeitsteilung, strikte Zeitdisziplin, kompromisslose Messung und Regulierung der einzelnen Arbeitsschritte sowie brutale Beaufsichtigung und Strafe prägten den Alltag der Sklav*innen. »Das unerbittliche, leicht zu beaufsichtigende, gefährliche und zutiefst ungesunde Regime« der Zuckerplantage antizipierte die Arbeitsbedingungen in den Textilfabriken des 19. Jahrhunderts, schreibt der Historiker Robin Blackburn.[179] Cinqués Biografie selbst macht die »sogenannt ursprüngliche Akkumulation« als

Prozess der Aneignung der Natur und der gewaltvollen Disziplinierung von Menschen deutlich.

In Westafrika arbeitete Cinqué als Reisbauer auf Feldern, die im Gemeindebesitz waren und durch kooperative Arbeit bestellt wurden, was natürlich nicht bedeutet, dass er einer vollkommen harmonischen und friedlichen Gesellschaft entrissen wurde. Als Sklave war er jedoch gemeinsam mit seinen Mitgefangenen für eine Gegend auf der kubanischen Insel bestimmt, wo große Waldflächen gerodet wurden, um den boomenden Zuckerplantagen neuen Platz zu verschaffen.

Die Neuartigkeit des Kapitalismus bestand nicht darin, dass dieses Gesellschaftssystem die natürlichen Ressourcen erschöpfte. Auch vorkapitalistische Gesellschaften rodeten Wälder oder rotteten Tierarten aus. Was dieses soziale und ökologische System charakterisiert, ist seine Fähigkeit, die natürlichen Grenzen immer wieder zu überwinden und dadurch andere, meist schwererwiegende Formen der Umweltzerstörung herbeizuführen. Unter dem Imperativ des grenzenlosen Wachstums wurden immer mehr Gegenden, Menschen und Ökosysteme in dieses System integriert. Umwelthistoriker*innen sprechen deshalb von einer »world-ecology«: ein System, das immer mehr Ökosysteme miteinander vernetzte und zu »ungleichen ökologischen Tauschverhältnissen« führte. Ein sich verdichtendes Netz von Menschenströmen sowie Güter- und Energieflüssen überzog den Globus. Im 17. Jahrhundert stand Amsterdam, eine Hochburg des frühneuzeitlichen Kapitalismus, buchstäblich auf Norwegen, denn das Bauholz kam vorwiegend aus den norwegischen Wäldern, während Amsterdams Bevölkerung Weizen aus dem Baltikum verzehrte und die Patrizier Gold und Silber horteten, das in den peruanischen Anden unter Zwangsarbeit abgebaut wurde, wofür wiederum die Bergketten entwaldet wurden.[180]

Die Zuckerproduktion war treibende Kraft hinter dieser ökonomischen wie auch ökologischen Ausdehnung des Kapitalismus. Madeira, die portugiesische Insel im atlantischen Ozean, wurde bereits in der zweiten Hälfte des 15. Jahrhunderts zu einem ersten Versuchslabor der kolonialen Zuckerproduktion.

Schon nach wenigen Jahrzehnten waren ihre Wälder abgeholzt und ihre Böden ausgelaugt, 1530 war die Produktion um 90% eingebrochen.[181] Im Sog der Kapitalakkumulation verschob sich die Grenze der Produktion weiter in westliche Richtung nach Brasilien. Brasilien war unter anderem auch deshalb ein geeigneter Ort, weil Mitte des 16. Jahrhunderts aufgrund der Kolonialisierung und der darauffolgenden Epidemien die indigene Bevölkerung massiv dezimiert wurde. So wurden große Landflächen frei.

Im Vergleich zu Madeira schienen zudem die klimatischen und ökologischen Bedingungen besser. Die Böden waren fruchtbar und Holz – als Brennstoff einer der wichtigsten Rohstoffe für die Zuckerproduktion – war in großen Mengen verfügbar. Außerdem war die Erntezeit um einiges länger, sodass zwischen der Bepflanzung und der Ernte keine Lücken entstanden, was eine Intensivierung der Sklavenarbeit ermöglichte. 1630 besetzte die niederländische Westindien-Kompanie den Nordosten Brasiliens und baute die Zuckerproduktion massiv aus. In der ersten Hälfte des 17. Jahrhunderts wurden 240.000 afrikanische Sklav*innen in den Nordosten Brasiliens verschifft. Wie viele von ihnen auf der Überfahrt ihr Leben verloren haben, ist nicht bekannt. Wenn wir uns vergegenwärtigen, dass um 1650 in dieser Region nur etwa 60.000 Sklav*innen lebten, wird die Brutalität dieses mörderischen Arbeitsregimes vorstellbar.[182] Sklav*innen waren eine fundamentale Energiequelle für den frühneuzeitlichen Kapitalismus, vergleichbar mit den fossilen Energien im industriellen Kapitalismus des 20. und 21. Jahrhunderts.[183] Anders als es in den Lehrbüchern häufig dargestellt wird, war sogar das 19. Jahrhundert keineswegs nur das Zeitalter der Kohle und Dampfmaschinen. Menschliche und tierische Muskelkraft blieben unabdingliche Energiequellen. Erst ganz zum Ende des 19. Jahrhunderts betrug der Anteil der fossilen Energien am globalen Energieverbrauch mehr als 50%.[184]

Das brutale und auf kurzsichtige Kapitalverwertung ausgelegte Arbeitsregime der Sklaverei stützte eine ebenso destruktive Nutzung der natürlichen Ressourcen. 1650, auf dem Höhepunkt der brasilianischen Zuckerproduktion, wurden innerhalb eines Jahres 12.000 Hektar Wald gerodet.[185] Nur 24 Jahre nach ihrer Kolonialisierung Brasiliens wurde die niederländische Westindien-Kompanie bereits wieder aus der Region vertrieben. Sie ließ zerstörte Ökosysteme zurück, wie Eduardo Galeano in *Die offenen Adern Lateinamerikas* schreibt:

»Der Zucker war dem Nordosten [von Brasilien] zum Verhängnis geworden. Der feuchte, von Regenfällen begünstigte Küstenstreifen besaß einen sehr fruchtbaren, an Humus und Mineralsalzen reichen Boden, der von Bahía bis Caerá von Wäldern bedeckt war. Dieses Gebiet tropischen Urwalds verwandelte sich, wie Josué de Castro berichtet, in eine Grasebene. [...] Die Brände, durch die Erde für die Pflanzungen freigelegt wurde, verwüsteten den Wald und mit ihm die Fauna; es verschwanden die Hirsche, die Wildschweine, die Tapire, die Kaninchen, die Pakas und die Gürteltiere. Der Pflanzenteppich, Flora und Fauna wurden auf den Altären der Monokultur dem Zuckerrohr geopfert.«[186]

Dies ist eine eindrückliche Beschreibung des ökologischen Aderlasses Südamerikas. Aufgrund von Konflikten zwischen den Kolonialmächten verschob sich das Zentrum der globalen Zuckerproduktion erneut, diesmal in die Karibik. Auch dort wiederholte sich dieselbe Geschichte. Um 1665, nach nur gerade zwei Dekaden des Zuckeranbaus, waren die Inseln Barbados, Jamaika und Hispaniola nahezu entwaldet.[187] Massive Bodenerosion und die Ausrottung verschiedener an diese Ökosysteme angepasster Tierarten waren die Folge. Auf Barbados überlebte keine einzige Affenart die zerstörerische Ausbreitung der Zuckerplantagen.[188]

Dieser unablässige Versuch der Nutzbarmachung von Natur erklärt, wie Enteignung, Versklavung, Proletarisierung und landwirtschaftliche Umwälzungen stets Hand in Hand gingen. Mit Sicherheit war der Teufel in die Händler, Plantagenbesitzer und Kolonialherren gefahren. Oder wie sonst konnte man erklären, dass sie sich alles unterwerfen wollten? Dies stellten angeblich aufständische Sklav*innen 1676 auf Barbados fest: »Der Teufel ist in den Engländer gefahren, denn er lässt alles arbeiten; er lässt den Schwarzen arbeiten, das Pferd arbeiten, den Esel arbeiten, das Holz arbeiten, das Wasser arbeiten und den Wind arbeiten.«[189] Dieser Teufel war das Kapital. Auch Marx geizte nie mit Metaphern, um dieses teuflische, danteske, vampirische und das Leben beherrschende tote Ding zu beschreiben. Doch indem die Sklav*innen diesem Teufel den Gehorsam verweigerten, schufen sie auch die Möglichkeit für andere Beziehungen zu den Werkzeugen, Mitmenschen und Elementen.

Ökologie der Maroons

Nicht, dass diese Zerstörung der Ökosysteme den Kolonialisten fremd war. Folgen wir dem Umwelthistoriker Richard Grove, so hat das moderne ökologische Denken einen seiner Ursprünge in den Kolonien. Auf einigen im indischen Ozean verstreuten Inseln, wo sich Naturforscher und Kolonialherren tummelten, die majestätische Natur zugleich bedrohlich und fragil erschien sowie Fantasien des Reichtums, aber auch Ängste des Zerfalls erweckte, seien laut Grove erste Methoden der nachhaltigen Bewirtschaftung entwickelt worden. Der französische Intendant auf Mauritius, Pierre Poivre, habe zwischen 1767 und 1772 für Maßnahmen zum Schutz der Wälder und der Bewässerung gesorgt. Nicht nur Spuren der Zerstörung hätte der Kapitalismus in seinem globalen Eroberungszug hinterlassen. Im Zuge seiner Expansion habe er dank einiger weitsichtiger Naturforscher auch Methoden zur nachhaltigen Ressourcennutzung entwickelt.[190] Was Grove nicht erwähnt: Poivre war Teil eines sklavenhalterischen Systems. Er hielt auf Mauritius selbst 88 Sklaven, die er beim Verlassen der Insel dem französischen König übergab.[191] Dies ist mehr als nur anekdotisch. Poivres ökologische Maßnahmen folgten staatlichen und wirtschaftlichen Interessen. Sein Umweltschutz war ein kolonialer; er verband einen nachhaltigen Umgang mit der Natur mit Rassismus und Sklaverei.

Eine ähnliche Diskussion wurde in Bezug auf die US-amerikanische Naturschutzbewegung des ausgehenden 19. Jahrhunderts geführt. Für diese angeblichen Pioniere des modernen Naturschutzes war die Natur ein Ort der Wildnis, wo sich der weiße Mann seiner Rolle als Krönung der Schöpfung vergewissern konnte. Natur war für diese Eliten ein Rückzugsort aus den überfüllten und dreckigen Städten, die sich nach dem amerikanischen Bürgerkrieg ab 1865 zunehmend mit Afroamerikaner*innen füllten und dementsprechend als »unrein« charakterisiert wurden.[192] Natur war das Gegenstück zur kapitalistischen Zivilisation, ein vom menschlichen Einfluss befreiter Bereich von rein ästhetischem Wert. Ein Gegenstück, das gerade dadurch, dass es die kapitalistischen Naturverhältnisse nicht als Ganzes der Kritik unterzog, die zunehmende kapitalistische Naturunterwerfung durchaus rechtfertigen konnte. Denn die Naturschutzgebiete wurden als Inseln der »Wildnis« konzipiert inmitten einer kapitalistischen »Zivilisation«. Naturschutz war dementsprechend keine grundsätzliche Kritik an den kapitalistischen Naturverhältnissen. Die Gründung solcher Naturschutzgebiete war mit der Vertreibung lokaler Bevölkerungsgruppen verbunden, allen voran Indigenen. Forschende und Aktivist*innen aus dem globalen Süden wie etwa Ramachandra Guha haben deshalb aus antikolonialer, antirassistischer und feministischer Perspektive das patriarchale und rassistische Ideal einer unberührten Wildnis kritisiert.[193]

Bleibt die Frage, ob es nicht auch eine emanzipatorische, dekoloniale und universalisierbare Kultur des Naturschutzes gibt. Ging es bei den Kämpfen gegen Unterdrückung und Sklaverei nicht auch um andere Beziehungen zur Natur? Die Umwelthistorikerin und Ökofeministin Carolyn Merchant beantwortet diese Frage affirmativ: »Schwarze widersetzten sich gegen diese Versklavung in komplexer Weise, sodass die afrikanische Kultur aufrechterhalten wurde und einzigartige afroamerikanische Formen, auf dem Land zu leben, geschaffen wurden.«[194] In diesen Kämpfen werden somit Wurzeln einer *abolition ecology* sichtbar.

Eine jahrhundertealte Form des Widerstandes von Sklav*innen war die Flucht. Im Hinterland der Kolonien suchten die Sklav*innen Schutz vor Verfolgung, und es gelang ihnen zum Teil, für Jahrzehnte autonome Gemeinschaften aufrechtzuerhalten, deren Spuren bis heute zu finden sind. »Maroons«, »Nègres

Marrons«, »Cimarrones« oder »Quilombolas« wurden diese geflohenen Sklav*innen auf Englisch, Französisch, Spanisch respektive Portugiesisch genannt.[195] Kollektive von Maroons gab es in Nordamerika über die karibischen Inseln bis nach Kolumbien, Surinam, Guyana und Brasilien. Die Flucht der Maroons hatte häufig eine »Begegnung mit einer Erde und einer Natur« zur Folge. »Gegen eine koloniale und die Welt verschlingende Form des Bewohnens haben die Maroons eine andere Form des Zusammenlebens und der Beziehungen zur Erde umgesetzt.«[196] Auch José Cinqué sei einem Wunsch nach der Flucht in die nicht vom Kapitalismus unterworfene Natur gefolgt, spekuliert die Umwelthistorikerin Dianne Glave.[197]

Natürlich flüchteten die Maroons in eine zunächst als bedrohlich empfundene Natur, sie zogen sich in keine wohlgeordnete, paradiesische Wildnis zurück. Gerade die Undurchdringlichkeit dieser Natur war aber auch die Bedingung für das Nicht-Entdecktwerden und somit der Freiheit. Als Folge konnten auch andere Formen des Zusammenlebens und der Naturbeziehungen entstehen. Auf den französischen Antillen ist es möglich, die Geschichte der Maroons anhand der Entwicklung der Bewaldung zu verfolgen. Je länger die Inseln mit Wald bedeckt waren, desto länger konnten die Gemeinschaften entflohener Sklaven bestehen. Dieser Zusammenhang wurde auch von den Maroons selbst verstanden, weshalb sie sich teils hartnäckig gegen die Abholzungen wehrten.[198]

Laut dem kolumbianischen Aktivisten und politischen Ökologen Orlando Fals Borda können wir heute von diesen Gemeinschaften und ihrem Sinn für Freiheit und Widerstand lernen.[199] Denn eine politische und ökologische Tradition des Widerstands wird in diesen Gemeinschaften bisweilen bis heute beibehalten. Im Quilombo von Acupe in der brasilianischen Region Bahía wird jeweils im Juli des mehr als hundert Jahre alten Freiheitskampfes der Versklavten gedacht. Diese Gemeinschaft ist seit Jahrzehnten ein Ort des Widerstands gegen Umweltzerstörung. 1941, mit dem Beginn der Erdölförderung in der Region, kämpfte die Bevölkerung von Acupe gegen diese Ausbeutung der Natur. Und als ab 1958 in der Nachbarschaft von Acupe eine Tochterfirma des französischen Minenunternehmens Penarroya Oxide mit dem Abbau von Blei begann, führte die lokale Bevölkerung einen langen Kampf gegen diese mit rassistischer Unterdrückung gerechtfertigte Umweltzerstörung, der 1993 zur Schließung der Fabrik führte.[200] Ein weiteres Beispiel ist das Cockpit Country im Zentrum Jamaikas. Dort kämpfen aktuell Maroon-Gemeinschaften gegen die Ausbeutung der Bauxit-Vorkommen durch das kanadische Minenunternehmen Noranda.[201]

Doch die Rückgewinnung der Kontrolle über den eigenen Körper, die eigenen Tätigkeiten und die Beziehungen zur Umwelt verlief auch weniger spektakulär als durch die Flucht und die Gründung autonomer Kollektive. Sie fand beispielsweise dann statt, wenn meist junge, männliche Sklaven sich zum Jagen und Fischen über die Grenzen der Plantagen wagten. Oder dort, wo vornehmlich weibliche Sklavinnen einen eigenen Garten pflegten und Gemüse für den familiären Konsum anbauten. Beides waren natürlich auch Tätigkeiten, welche die Reproduktion der Arbeitskraft sichern und so auch für die Sklavenhalter*innen eine positive Funktion erfüllen konnten. Nichtsdestotrotz hatten diese Praktiken auch einen subversiven und widerständigen Charakter, insofern sie einen Raum der relativen Freiheit schufen, wo Sklav*innen anderen Tätigkeiten nachgehen und neue Beziehungen knüpfen konnten.[202]

In Alejo Carpentiers historischem Roman *Das Reich von dieser Welt* über die Haitianische Revolution lernt Mackandal, ein berüchtigter Maroon aus der Mitte des 18. Jahrhunderts, die Natur neu kennen, nachdem er beim Arbeiten an der Zuckermühle einen Arm verloren hat. Da er nun nur noch als Hirte taugt, kann er sich stundenlang von der Plantage entfernen und lernt die Natur mit anderen Augen, anderen Tast- und Geruchssinnen kennen:

»Er beobachtete, wie die weidenden Tiere, bis zum Leib im dichten Klee, sich langsam verstreuten, und dabei erwachte in ihm ein absonderliches Interesse für die Existenz gewisser, immer mißachteter Pflanzen. Ausgestreckt im Schatten eines Johannisbrotbaumes, auf den Ellbogen seines heilen Armes gestützt, wühlte er mit seiner einzigen Hand unter den bekannten Kräutern auf der Suche nach allen den Kreaturen der Erde, die er bis dahin übersehen hatte. Voller Überraschung entdeckte er das heimliche Leben merkwürdiger Pflanzenarten, die, dicht am Boden wachsend, sich gern verschleiern, gern schützen, Beschützerinnen des kleinen gepanzerten Völkchens, das den Ameisenwegen auswich. Die Hand fand Vogelfutter ohne Namen, schwefelige Kapern, winziges Pfefferkraut; Schlingpflanzen, die Netze zwischen den Steinen webten; einzelstehende Stauden mit behaarten Blättern, die nachts schwitzten; Mimosen, die sich beim bloßen Klang der menschlichen Stimme zusammenzogen; Kapseln, die in der Mittagsstunde mit einem leisen Knall platzten wie ein Floh, den man mit dem Fingernagel zerdrückt; kriechende Lianen, die sich unter dem Blätterdach der Bäume zu geiferndem Gestrüpp verflochten.«[203]

Nicht zufällig trägt dieser Abschnitt die Überschrift »Was die Hand entdeckte«. Denn andere Beziehungen zur Natur werden nicht nur übers Auge hergestellt, sondern über alle Sinne. Marx hatte Recht, als er die Aufhebung des Privateigentums und den Kommunismus als »Emanzipation aller menschlichen Sinne« definierte.[204]

In seinen Fluchten ins undurchdringliche Dickicht und in seinen monatelangen Aufenthalten in unbekannten Schluchten und Höhlen erwirbt Mackandal eine Kontrolle über seinen verstümmelten Körper. Sein Leben als Maroon gibt ihm nicht nur die lang ersehnte Gelegenheit, anders mit der Natur in Beziehung zu treten. Er erlangt auch eine »körperliche Unversehrtheit«, die ihn genauso frei wie unbeherrschbar macht.[205] Der Körper ist somit eine »Grundlage des Widerstands« gegen Ausbeutung. Unsere durch biologische und gesellschaftliche Evolution entstandenen körperlichen Bedürfnisse nach »der Sonne, dem blauen Himmel und den grünen Bäumen, dem Geruch des Waldes und der Meere«, die Bedürfnisse »zu berühren, zu riechen, zu schlafen, Liebe zu machen« setzen dem Kapital Grenzen.[206] Auch deshalb ist Umweltschutz der 99% eine Politik der Gesundheit und der physischen wie psychischen Unversehrtheit.

Abolitionismus und die Landfrage

Die US-amerikanische Emanzipationserklärung von 1865 war, wie gesagt, das Resultat eines selbstbestimmten Widerstandes von Sklav*innen, kein Geschenk einer aufgeklärten Elite. Sie läutete einen Moment der Hoffnung ein, eine »Zeit der Freiheit«, in der sich der Möglichkeitshorizont ausdehnte und für einen kurzen Zeitraum fruchtbare und radikale Allianzen zwischen Abolitionist*innen, Feminist*innen und Gewerkschafter*innen denkbar wurden.[207]

Jedoch hing die politische Befreiung auch von sozialen und ökonomischen Faktoren ab. Abolitionist*innen und ehemalige Sklav*innen verstanden, dass ohne einen Wandel der exportorientierten Plantagenwirtschaft die unterdrückerischen Strukturen des *racial capitalism* nicht aufzubrechen waren. Die Frage des Landbesitzes wurde so zu einem zentralen Streitpunkt im Kampf für Selbstbestimmung. In dieser Frage zeigen sich jedoch auch deutlich die Grenzen der Emanzipation und kristallisieren sich neue Formen der Unterdrückung und Ausbeutung von ehemaligen Sklav*innen heraus. Gab es unmittelbar nach dem Bürgerkrieg noch Hoffnungen und Versuche der Landverteilung, so zeichnete sich bald der Fortbestand des Großgrundbesitzes und der Exportwirtschaft ab. Die Klasse der Plantagebesitzenden erkämpfte sich erneut die Kontrolle über die Arbeitskraft von ehemaligen Sklav*innen, mittels Lohnarbeit, Terror, Zwangsarbeit usw.

Kontrolle über die nicht-menschliche Natur spielte in diesem Prozess eine wichtige Rolle. Schon kurz nach dem Bürgerkrieg beklagten sich die weißen Eliten des Südens darüber, dass ehemalige Sklav*innen die Plantagen verließen, das Land durchstreiften, nicht eingezäunte Flächen besetzten oder angeblich überall, wo es ihnen beliebte, Holz sammelten, jagten oder fischten. Die Frage, wie freie Menschen der Arbeitsdisziplin unterworfen werden konnten, war somit auch eine Frage der Kontrolle über die natürlichen Ressourcen. Neben der Einführung von Gesetzen gegen »Vagabundiererei« wurden gewohnheitsrechtliche Nutzformen des Landes und seiner Ressourcen zunehmend eingeschränkt.[208] Eine dekoloniale und antirassistische *abolition* *ecology* muss deshalb anerkennen, dass Eigentumsverhältnisse, Ökologie und Selbstbestimmung eng verknüpft sind. Und sie sollte ebenfalls erkennen, dass die in Erzählungen über Sklavenaufstände immer wieder vergessene Sorgearbeit weiblicher Sklavinnen den »latenten Text« aller historischen Versuche ausmacht, durch die sich Sklav*innen dem rassistischen System zu entziehen versuchten, um andere Beziehungen zu knüpfen.[209]

5

Ökologie der Sorge. Oder: Was Umweltschutz mit Feminismus zu tun hat

Sich zu emanzipieren läuft darauf hinaus, seine Beziehung zur Welt zu verändern.

Ludivine Bantigny, 2019

Seit einigen Jahren rollt eine »neue feministische Welle« über den Globus. Indem sie sich den Streik als Aktionsform zu eigen gemacht hat, ist es dieser feministischen Bewegung gelungen, unsichtbare, kostenlose oder unterbezahlte Formen der Arbeit sichtbar zu machen und zu politisieren. Damit werden die Bedingungen aufgezeigt, unter denen im Kapitalismus Wert erzeugt wird. Ohne Gratisarbeit von Frauen – nicht zuletzt von Migrantinnen und Women of colour –, die die lohnabhängigen Menschen tagtäglich arbeitsfähig macht, würde dieses System zusammenbrechen.[210]

Somit legen die weltweiten feministischen Bewegungen eine fundamentale Krise des neoliberalen Kapitalismus offen. In den Forderungen nach Anerkennung und Aufwertung der Hausarbeit, nach Selbstbestimmung über den eigenen Körper, kostenlosem Zugang zu Bildung und Gesundheit sowie guten und gesunden Arbeitsbedingungen werden die fehlenden Rahmenbedingungen deutlich, »die es Menschen ermöglichen, für sich und für andere zu sorgen und auch ihren Bedürfnissen entsprechend versorgt zu werden«.[211] Der Grund hierfür ist systemischer Art: Im Kapitalismus werden die Arbeiten und Tätigkeiten, welche Leben erzeugen und pflegen, an den Rand gedrängt und abgewertet. Doch auch die Eingliederung der Sorgearbeit in die Logik der Kapitalakkumulation ist problematisch. Da die Produktion des Lebens, die Sorge um Mitmenschen und sich selbst fundamental anderen Kriterien und Prinzipien folgt als die Produktion von Gütern, führt die Unterwerfung der Sorgearbeit unter eine kapitalistische Zeitdisziplin und Arbeitsorganisation zu einer systematischen Fehl-

oder Unterversorgung. Silvia Federici spricht deshalb von einer Krise der »Produktion des Lebens«, da es unter den gegebenen sozialen, wirtschaftlichen und ökologischen Bedingungen für viele Menschen schwierig bis unmöglich ist, sich und ihre Mitmenschen gesund am Leben zu erhalten.[212] Die feministische Bewegung besitzt das Potenzial, den Kampf gegen geschlechterspezifische Gewalt und Sexismus mit einem Kampf gegen Rassismus, prekäre Arbeitsverhältnisse und Umweltzerstörung zu verbinden.

Die Sorge- respektive Care-Arbeit wird so zu einem »Bezugspunkt der Gesellschaftsveränderung«.[213] Anstatt die Produktion von Gütern nach Kriterien der Profitabilität zu organisieren, geht es um die Produktion eines sinnerfüllten, solidarischen, beziehungsreichen und glücklichen Lebens, in dem die Sorge um Mitmenschen und die Natur im Zentrum der gesellschaftlichen Tätigkeiten steht. Umweltschutz nicht gegen oder jenseits von Arbeit zu denken, heißt, jene Formen von Arbeit aufzuwerten, die menschliches und nicht-menschliches Leben produzieren, statt es zu zerstören. Dabei stellt aber die Sorgearbeit, die heute meist in kleinfamiliären Zusammenhängen verrichtet wird, keineswegs ein Ideal dar. Wenn Ressourcen, Zeit, Raum und Energie fehlen, hat die Pflicht zu sorgen nichts Emanzipatorisches. Wollen wir ausgehend von der Sorge um Mitmenschen und Natur das Zusammenleben neu gestalten, müssen wir vielgestaltige und weitreichende Fürsorgebeziehungen aufbauen und die Sorgearbeit gerecht verteilen. Auch die Fürsorgenden müssen umsorgt werden. Kurz: Umweltschutz der 99% ist feministisch oder ist nicht.

Seine Anfänge als anarchistischer Aktivist und Autor machte Pierre Quiroule bei der in Buenos Aires erscheinenden französischsprachigen Zeitung *La Liberté* [die Freiheit], die zwischen 1893 und 1894 erschien. Teil der Zeitungsredaktion war eine kleine Gruppe frankophoner Anarchisten aus Belgien und Frankreich. Zu Beginn ihrer Redaktionstätigkeiten kontaktierten sie Genoss*innen aus Europa, um diese zur Mitarbeit zu ermuntern. Unter den kontaktierten Anarchist*innen war keine Geringere als die berühmte Anarchistin Louise Michel (1830–1905). Wie

Michel auf die Anfrage reagierte, ist nicht überliefert. Da die Zeitung keinen Artikel von ihr abdruckte, kann geschlossen werden, dass sie der Bitte nicht nachkam.

Louise Michel gehörte zu den wenigen weiblichen Anarchistinnen aus jener Zeit, die öffentlich auftraten, Reden hielten und sich publizistisch äußerten. Andere berühmte Anarchistinnen waren die in England lebende Charlotte Wilson (1854–1944), die in Chicago aktive Lucy Parsons (1853–1942), die beiden Redakteurinnen der in den USA herausgegebenen anarchistischen Zeitschrift *Mother Earth*, Voltairine de Cleyre (1866–1912) und Emma Goldman (1869–1940), oder, einige Jahrzehnte später, die Mitbegründerin der während des spanischen Bürgerkriegs aktiven *Mujeres Libres*, Lucía Sánchez Saornil (1895–1970). Michels legendärer Ruf ging auf ihre aktive Beteiligung an der Pariser Kommune zurück. Damals organisierte sie nicht nur Krankenpflegerinnen, sondern kämpfte mit der Waffe in der Hand auf den Barrikaden. Vor dem Kriegsgericht in Versailles Ende 1871 sah sie sich deshalb mit verschiedenen Anschuldigungen konfrontiert: Attentat mit dem Ziel des Bürgerkriegs und eines Regierungswechsels, Tragen von Waffen und militärischer Uniform, Fälschung von Schriften, Benutzung gefälschter Dokumente, Beihilfe zur Ermordung sowie Beihilfe zu ungesetzlichen Inhaftierungen. Als bereits vor der Kommune im Stadtteil Montmartre tätiger Lehrerin wurde ihr zudem vorgeworfen, die »Kinder zu verderben« und den »Pöbel aufzuwiegeln«.[214]

Im Untersuchungsbericht wird deutlich, wie die Vertreter der »Ordnung« den Aufstand mit sexistischen, fremdenfeindlichen und klassistischen Motiven und Stereotypen zu diffamieren versuchten. Inbegriff der Unordnung: Die Kommune habe Kinder bewaffnet sowie ein »Amazonenbataillon« geplant. Michel habe zu jenen Frauen gehört, die in »einer mehr oder weniger phantasievollen Militäruniform mit geschultertem Karabiner« zu den Barrikaden lief. Als »blutrünstige Wölfin« wurde sie beschrieben, die eine tragende Rolle spielte, als sich Paris »in den Händen des Auslands und der von allen Enden der Welt herbeigeeilten Taugenichtse« befand. Die Ankläger hatten auch eine Erklärung für Michels Ausbrechen aus den vorgegebenen Geschlechterrollen: ihren Hochmut. »Als uneheliches Kind aus Barmherzigkeit aufgezogen, läßt sie sich, statt der Vorsehung zu danken, mit ihrer Mutter glücklich zu leben, von ihrer überspannten Phantasie und ihrem jähzornigen Charakter treiben und zieht nach Paris ins Abenteuer, nachdem sie mit ihren Wohltätern gebrochen hat.«[215]

Während ihrer gerichtlichen Befragung blieb Michel bei ihren Überzeugungen und bestritt keine ihrer Handlungen während der Kommune. »Ich will mich nicht verteidigen, noch will ich verteidigt werden«, hielt sie fest. »Ich gehöre mit Leib und Seele der sozialen Revolution und ich erkläre, daß ich die Verantwortung für alle meine Taten übernehme.« Und sie erinnerte, dass diese Justiz nicht nur eine reaktionäre, sondern ebenfalls eine machistische war: »Sie sind Männer, die mich aburteilen wollen; sie sitzen offen und ohne Maske vor mir; sie sind Männer und ich bin nur eine Frau und trotzdem blicke ich ihnen ins Gesicht.«[216] Ohne Gegenstimme wurde sie zur Deportation nach Neukaledonien verurteilt.

Als seit den 1850er Jahren tätige Lehrerin war Louise Michel eine wichtige Stimme in transnational geführten Diskussionen um befreiende Formen der Pädagogik. Diese »integrale Bildung«, wie es die sozialistischen und anarchistischen Aktivist*innen nannten, sollte die jungen Menschen nicht zu hörigen und unterwürfigen Wesen disziplinieren, sondern ihnen einen reichhaltigen und vielseitigen Wissensschatz vermitteln und sie zu solidarischen, einfühlsamen und respektvollen Individuen erziehen. Emanzipatorische Erziehung – und damit Care-Arbeit – war für diese Aktivist*innen ein zentraler Baustein ihrer revolutionären Strategie, eine Praxis, in der ein Ethos der Sorge um Mitmenschen und die Natur gefördert werden konnte. Um es mit Gabriele Winker zu sagen: Für diese Anarchist*innen war die Sorgearbeit ein »Bezugspunkt der Gesellschaftsveränderung«. Als Ort, wo andere Beziehungen zwischen den Menschen sowie zwischen Mensch und Natur erprobt und gepflegt wurden, sollten in diesen Schulen ein anderes Leben, andere Werte und Beziehungen zur Welt präfiguriert werden. Frauen spielten in diesen Schulprojekten eine wichtige Rolle, wurden jedoch aufgrund des Sexismus und der geschlechterspezifischen Arbeitsteilung aus dem Rampenlicht gedrängt und wurden in der Geschichtsschreibung weitgehend vergessen. Um den Beitrag dieser weiblichen Anarchistinnen herauszuarbeiten, müssen wir deshalb verstreute Bruchstücke zusammentragen.

Die »barbarische« Aufwieglerin und die Kanaken

An dieser Stelle ist ein kurzer Exkurs zur Geschichte der Pariser Kommune angebracht. Eine wichtige Vorgeschichte hat die Kommune in den letzten Jahren des Zweiten Kaiserreichs (1852–1870) unter dem autoritären Präsidenten Louis-Napoléon Bonaparte, auch bekannt als Napoleon III. Angestachelt von einigen schüchternen Reformen, wuchs Ende der 1860er Jahre die Opposition von Arbeiter*innen und republikanischen Journalisten, Politikern und Schriftstellern. Um von der inneren politischen Instabilität abzulenken, erklärte Louis Bonaparte am 19. Juli 1870 Preußen den Krieg. Schnell wurde dieser Krieg für das Kaiserreich zu einem Debakel. Nach der Niederlage von Sedan am 2. September wurde zwei Tage später in Paris die Republik ausgerufen, die von liberal-konservativen Kräften geführt wurde. In den Augen der Republikaner*innen wandelte sich nun die militärische Auseinandersetzung in einen Verteidigungskrieg gegen die konservativen Politiker sowie die preußischen Truppen, die Paris belagerten und die noch junge Republik gefährdeten. An dieser Stelle ist der Hinweis wichtig, dass viele der damaligen Akteur*innen, Arbeiter*innen eingeschlossen, unter dem Begriff Republik kein liberal-kapitalistisches Regime verstanden, sondern sich in einer langen Tradition der »sozialen und demokratischen Republik« verorteten, die radikale Demokratie von unten und ökonomische Gleichheit realisieren sollte.

Im Kontext der Belagerung wurden die Pariser Nationalgarden zu zentralen Organisationen des Zusammenhalts, der Politisierung und des Widerstands. Nachdem der reaktionäre Präsident der Exekutive, Adolphe Thiers, mit Bismarck Ende Februar 1871 ein Friedensabkommen abgeschlossen hatte, versuchte er nun, auch im aufrührerischen Paris wieder Ordnung herzustellen. Beim Versuch, die in Paris stationierten Kanonen der Nationalgarden zu konfiszieren, formierte sich jedoch ein spontaner Widerstand, der die Regierung aus der Stadt verdrängte. In einer Woche der politischen Ungewissheit und der Verhandlungen mit der Regierung traf das Zentralkomitee der Nationalgarden erste Maßnahmen und organisierte Gemeinderatswahlen, bei denen die linken Kandidaten gewannen. Schließlich wurde am 28. März auf dem Platz vor dem Pariser Rathaus die Kommune ausgerufen.

Obwohl die Kommune weniger als drei Monate dauerte, machten die Aufständischen kostbare Erfahrungen bei der Umgestaltung der Bildung und Erziehung. Die Trennung von Kirche und Staat sowie die Einführung der Schulpflicht für sechs- bis fünfzehnjährige Kinder beider Geschlechter wurden vorangetrieben. Eine Akteurin dieser Umgestaltung war die Bildungskommission der Kommune, die unter der Leitung Edouard Vaillants stand, eines Mitglieds der Ersten Internationale. Wichtige Initiativen wurden jedoch direkt von der Basis ergriffen. So veröffentlichte die Vereinigung *Education nouvelle*, in der Lehrer*innen und Eltern aus unterschiedlichen Pariser Stadtteilen zusammenkamen, eine Erklärung. Die Frage der Bildung sei die »Mutter aller Fragen, die alle politischen und sozialen Fragen umfasst und beherrscht«, stand darin geschrieben.[217] Die Erklärung unterzeichnet hatten die Textilarbeiterin Louise Lafitte (1849–1938), die 22-jährige Lehrerin Maria Verdure (1849–1878), die Kommunardin Henriette Garoste (Lebensdaten unbekannt), der Lehrer, Freidenker und Feminist Joanny Rama (1828–1902) und zwei Kommunarden mit Nachnamen Manier und Rheims – eine geschlechterparitätische Gruppe also.[218] Von Marie Verdure und ihrem späteren Ehemann Élie Ducoudray bekam die Bildungskommission zudem ein Projekt für die Gründung von Kinderkrippen vorgelegt. Im Unterschied zu den herkömmlichen Krippen sollten Kinder darin nicht nur beaufsichtigt werden, sondern auch Sorge, Sicherheit, Zuneigung und Bildung genießen können. Die 22-jährige Marguerite Defoucault entwarf ein Projekt für eine emanzipatorische Schule, in der das Kind im Zentrum der Aufmerksamkeit steht und »frei herumrennen und spielen« sollte.[219] Rama, der Pädagoge Ferdinand Buisson und die Sozialistin und Feministin Léodile Champseix, genannt André Léo (1824–1900), dachten über ein Bildungsprogramm für Mädchen nach.[220] Und obwohl Louise Michel anderweitig eingespannt war, soll auch sie einen Bildungsplan vorgelegt haben, der Methoden zur »Entwicklung des Bewusstseins ohne Strafen und Belohnung« vorschlug.[221]

Von weiteren durch die Kommune getroffenen politischen Maßnahmen wird im nächsten Kapitel noch die Rede sein. Aber auch jenseits aller konkreten Maßnahmen entfaltete die Kommune eine außergewöhnliche utopische Energie, die zeitlich wie auch geografisch bis in die Gegenwart ausstrahlte. Am 28. Mai 1871 wurde dieses Experiment der autonomen Selbstverwaltung durch eine kompromisslose Repression endgültig zerschlagen. Über die Opferzahl herrscht immer noch Unklarheit. Studien nennen eine Bandbreite zwischen 7.000 und 20.000 Toten. Hinzu kommen mehr als 40.000 Festnahmen, Dutzende Todesurteile und 3.800 Deportationen.

Eine der Deportierten war Louise Michel. Von 1873 bis zur allgemeinen Amnestie im Jahr 1880 lebte sie also auf Neukaledonien. Diese Inselgruppe im südlichen Pazifik war 1853 von Frankreich in Besitz genommen und als Strafkolonie aufgebaut worden. Neben den verbannten Kommunard*innen der französischen Metropole lebten aber auch andere Aufständische auf diesen Inseln.

Zwei Tage vor der Pariser Kommune war am 16. März 1871 eine Revolte in der algerischen Kabylei ausgebrochen, der »wichtigste Aufstand gegen die französische Kolonialmacht bis zum Unabhängigkeitskrieg von 1954–1962«.[222] Auch diese Rebell*innen wurden nach Neukaledonien deportiert. Jean Allemane, ein deportierter Kommunarde, erinnerte sich Jahre später an eine Begegnung auf einer neukaledonischen Insel mit den Anführern der Revolte in der Kabylei: »Die Nacht brach herein; düster und schweigsam saßen die Besiegten Algeriens und der Besiegte der Kommune Seite an Seite, dachten an ihre Geliebten, an den Zusammenbruch ihrer Existenz, an die Vernichtung ihrer Freiheitsträume.«[223]

Jedoch hielt diese antikoloniale Einsicht in den gemeinsamen Kampf im Mutterland und in den Kolonien nicht immer den spalterischen Politiken des französischen Kolonialsystems stand. Im Juni 1878 brach in Neukaledonien ein Aufstand der indigenen Kanaken gegen die Kolonialherren aus.[224] Für die militärische Repression, die bei den Kanaken rund 1.200 Tote fordern sollte, wurden Kommunarden wie auch Ahmed Ben Mezrag Ben Mokrani, der Bruder des wichtigsten kabylischen Rebellenführers, rekrutiert.[225] Die Behörden sahen in einem Aufständischen namens Ataï den Anführer der rebellischen Kanaken, die sich gegen die koloniale Landnahme wehrten. Extensive Viehwirtschaft kombiniert mit einem Jahr der Dürre führte dazu, dass die Felder und Gärten der Kanaken von frei grasendem Vieh heimgesucht wurden. Nach ungefähr einem Jahr wurde der Aufstand endgültig niedergeschlagen. Ataï war jedoch schon früher getötet und sein Kopf ins Mutterland verschifft worden. Ein Abdruck davon wurde an der Weltausstellung von 1889 in Paris ausgestellt.[226]

Louise Michel gehörte zu den wenigen Kommunard*innen, welche die Aufständischen unterstützten. Schon 1875 schrieb sie ein Buch, das kanakische Legenden dem europäischen Publikum präsentierte. »Der weiße Mann«, heißt es darin aus der Sicht der Indigenen, »erzählt nichts; er gibt nichts. Der weiße Mann lässt sich mit seinen Gefährten auf dem Land nieder; sie säen Saatgut, von dem sich die bleiche Rasse ernährt, und behalten es für sich. Wir empfingen sie wie Brüder, aber das waren sie nicht.« Alles »haben sie genommen«, nicht nur das Land und die Ressourcen zerstört, sondern auch die Kultur, die sozialen Beziehungen sowie Zeit- und Raumvorstellungen. »Seit die weißen Männer gekommen sind, zählen wir nicht mehr, wie häufig wir die Yamswurzel geerntet haben; wir machen keine Feste mehr, wir zählen gar nichts mehr. Die Tage vergehen wie die Tropfen eines großen Sees […].«[227] Und in ihren 1886 erschienenen Memoiren verteidigte Michel noch einmal ausdrücklich ihre Unterstützung für die Aufständischen: »Ja, ich habe sie [ihre kanakischen Freunde] lieb gehabt und liebe sie noch, und wer mich zur Zeit des Aufstandes beschuldigte, zu wünschen, daß sie die Freiheit errängen, der hatte wahrhaftig recht.«[228] Während ihres Aufenthalts in Neukaledonien erfand Michel eine kosmopolitische Geschwisterlichkeit zwischen den Verbannten, Verstoßenen, Vergessenen und Unterdrückten der Erde. Die »Pétroleuse« – so wurden die weiblichen Kommunardinnen einer misogynen Legende von brandstiftenden Frauen zufolge genannt – eignete sich die diffamierenden Vorwürfe der Barbarei und der Primitivität an, um sich eine subalterne Identität zu geben: »Ich bin eine Wilde«, meinte sie provokativ. So wie auch der Poet Arthur Rimbaud, Geliebter des Dichters Verlaine und Sympathisant der Kommune, zur selben Zeit schrieb: »Ich bin minderwertiger Rasse von aller Ewigkeit her.«[229] Trotzdem nutzte auch Michel rassistisches Vokabular und bediente sich Begriffen, die direkt einem Diskurs der europäischen Überlegenheit entlehnt waren. Im Zusammenhang mit den Kanaken sprach sie von »Wilden« mit einem »kindlichen Herzen«, von »Kindern der Natur«, die in einem »Zeitalter der Beile und Steine« lebten.[230] 1879, ein Jahr vor ihrer Rückkehr nach Frankreich, erhielt sie die Erlaubnis, ihre Tätigkeit als Lehrerin fortzusetzen. Während sie in Nouméa, der Hauptstadt Neukaledoniens, in einer Sonntagsschule arbeitete, schrieb sie an einer »Enzyklopädie für Kinder«, die nie veröffentlicht wurde. Darin sollten die Kinder mit den Tiefen der geologischen Zeit vertraut gemacht werden und die Stellung des Menschen im Kosmos besser verstehen. Ähnlich wie ihr Freund Elisée Reclus sah sie die Erde als einen Organismus, in dem alles zusammenhängt. Flüsse und Gewässer des Globus verglich sie mit dem »Blut, das in unseren Adern fließt« oder dem »Saft in den Pflanzen«. Da für sie auch die Menschen Teil dieses Kosmos waren, hielt sie fest: »Überall gibt die Natur dem Menschen den Urstoff und etwas von ihr selbst.«[231]

Befreiung der »weiblichen Instinkte«

Als der Brief der in Argentinien aktiven *La Liberté*-Redakteure Michel erreichte, befand sie sich in London, wo sie seit 1890 und nahezu ununterbrochen bis zu ihrem Tod 1905 lebte. London war noch vor der französischen Schweiz der wichtigste Ort des Exils für entflohene und verbannte Kommunard*innen, Anarchist*innen und andere Rebell*innen aus ganz Europa. In diesem sozialen Milieu von Verschwörer*innen, Spitzeln, Agitator*innen, Schriftsteller*innen, Arbeiter*innen und anarchistischen Propagandist*innen spielte Michel eine zentrale Rolle. Sie unterhielt nicht nur Kontakte zu den »Großen« wie Kropotkin, Charlotte Wilson oder Malatesta, sondern pflegte auch die Netzwerke mit unbekannten, aber für die anarchistische Propaganda und Agitation nicht minder wichtigen Anarchist*innen. Dieser »Beziehungsaktivismus« muss anerkannt werden, um die zentrale Rolle weiblicher Anarchistinnen in den Blick zu bekommen, die außerhalb oder an den Rändern einer öffentlichen, männlich dominierten Sphäre tätig waren.[232]

1891 gründete Michel mit anderen Genoss*innen die *Internationalist School.* Mit dabei war auch die in Frankreich geborene Kommunardin und Anarchistin Victorine Brocher. Diese unabhängige Schule sollte die Kinder von den schädlichen Einflüssen öffentlicher Schulen fernhalten, wo den Anarchist*innen zufolge ausschließlich Nationalismus, Unterwürfigkeit, Disziplin und Religion eingetrichtert wurden. Rund 40 Kinder besuchten die Schule, meistens Nachwuchs von exilierten Anarchist*innen. Die Lehrer*innen verzichteten auf Körperstrafen und setzten stattdessen auf einen »rationalen« und kostenlosen Unterricht, der nicht nur abstrakte Wissensvermittlung, sondern auch handwerkliche Tätigkeiten beinhaltete. Das Projekt verfolgte ein klar libertäres und kosmopolitisches Ziel, wie es auch Michel ausdrückte: »Ich wollte, dass sie sich gegenseitig kennenlernen und verstehen, damit sich die Nationen dank Einklang ihrer Ideen eines Tages weniger hassen und gegenseitig lieben lernen.«[233] Bereits ein Jahr später musste das Schulprojekt geschlossen werden, weil nach einer polizeilichen Durchsuchung wahrscheinlich von Spitzeln gezielt gelegtes Bombenmaterial gefunden worden war.

Die *Internationalist School* in London war Teil verschiedener Schulprojekte innerhalb der anarchistischen Bewegung jener Zeit. Während Louise Michels Projekt weitgehend in Vergessenheit geriet, nimmt in den Erzählungen das von 1880 bis 1894 von Paul Robin (1837–1912) geführte Waisenhaus in Cempuis bei Paris die Rolle eines Pionierprojekts ein. Ebenso für Aufsehen sorgte die von 1904 bis 1917 von Sébastien Faure (1858–1942) geführte Schule *La Ruche* sowie das von Madeleine Vernet (1878–1949) und ihrem Partner Louis Tribier 1906 gegründete Waisenhaus *Avenir social*, dem die Feministin bis Anfang 1923 vorstand. Anfang des 20. Jahrhunderts sollte dann vor allem die von Francisco Ferrer (1859–1909) in Barcelona geführte *Escuela Moderna* [Moderne Schule] eine große internationale Strahlkraft entwickeln. Ferrer wurde zu einer internationalen Märtyrerfigur, nachdem er 1909 in einem Schauprozess des Anzettelns einer Aufstandsbewegung in Katalonien gegen die Einberufung von Soldaten für die Kolonialtruppen in Marokko und zum Tode verurteilt worden war. Nach Ferrers Festnahme und seiner anschließenden Exekution gab es nicht nur eine internationale Solidaritätskampagne mit dem Lehrer aus Spanien. Von den Vereinigten Staaten über Argentinien bis in die Schweiz wurden libertäre Schulen gegründet, die sich auf die reformpädagogischen Lehren und Prinzipien Ferrers beriefen: Gemeinsamer Unterricht für Mädchen und Jungen, »Koedukation« genannt; eine konkrete und praxisbezogene Bildung; keine Hausaufgaben; weder Strafen noch Belohnungen; Einbeziehung von Eltern sowie Zusammenarbeit mit Arbeitenden; Fokus auf die Autonomie und den selbstständigen Erkenntnisprozess der Kinder; keine doktrinäre Bildung.[234] Auch wenn Frauen in diesen Projekten eine zentrale Rolle spielten und Gleichstellung zwischen den Geschlechtern ein erklärtes Ziel darstellte, waren es trotzdem Männer, die als Theoretiker und Schulleiter im Fokus dieser Schulprojekte sowie der anarchistischen Diskussionen über Reformpädagogik standen.

In einem Nachruf auf Francisco Ferrer schlug die Anarchistin Emma Goldman 1911 jedoch eine andere Genealogie dieser Schulprojekte vor. Die Ursprünge der Modernen Schule reichten Goldman zufolge weiter ins 19. Jahrhundert zurück, die »Begründerin« sei keine geringere als Louise Michel mit ihrer Schule in Montmartre. Dank ihrer Herzlichkeit habe die französische Lehrerin schon früh gemerkt, dass »die Zukunft den jungen Generationen« gehöre. Als »lieblicher und sanfter«

Mensch sei sie dafür prädisponiert gewesen, die »Sehnsüchte der kindlichen Seele« zu verstehen und auf sie einzugehen.[235] Emma Goldman gibt nicht nur Frauen, hier spezifisch Louise Michel, einen ihnen gebührenden Platz in der Geschichte der libertären Reformpädagogik. Sie verweist auch auf weiblich kodierte Prinzipien wie Zuneigung und Einfühlsamkeit, die ihrer Ansicht nach für solche Schulprojekte von zentraler Bedeutung waren. Aus heutiger feministischer Sicht mag dies befremdend wirken, ist doch die Zuweisung und Naturalisierung von weiblich kodierten Eigenschaften auch ein Mechanismus, durch den Frauen in Rollen gezwängt, unterdrückt und ausgebeutet werden. Goldman war sich dieser Tatsache durchaus bewusst. Sie kritisierte jedoch gleichzeitig die Ansicht, wonach Emanzipation gezwungenermaßen über die Aufgabe »weiblicher« Eigenschaften führen müsse. Sie erkannte mit anderen Anarchafeministinnen, dass die Ausgrenzung und Unterwerfung von Frauen auch eine Abwertung »weiblicher Instinkte«, wie sie es nannte, bedeutete. »Soziale Abhängigkeit und affektive Bindung« wurden so aus der revolutionären Vorstellungswelt verbannt und machten kalten, individualistischen, disziplinierten und machistischen Beziehungsformen Platz.[236] Für Goldman hingegen gehörten Zuneigung, Intimität, Liebe, Mütterlichkeit, Rücksicht, Einfühlsamkeit zu den zentralen Werten einer freien und solidarischen Welt, sofern alle Menschen diese Charaktereigenschaften und Beziehungsformen frei wählen konnten.[237] Dass dieser Ethos der gegenseitigen Sorge auch einen pflegenden und rücksichtsvollen Umgang mit der Natur beinhaltete, zeigen nachfolgende Beispiele.

Aus dem Schoß von Mutter Erde

1910 gründete das Ehepaar Jean Wintsch (1880–1943) und Nathalia Wintsch-Maléeff (1880–1945), beide Mediziner*innen und Lehrer*innen, die *Ecole Ferrer* in Lausanne. Bis 1919 empfing die Schule jährlich zwischen 25 und 28 Schüler*innen[238], vornehmlich aus Arbeiter*innenfamilien. Auch zwischen diesem Ehepaar waren die Geschlechterrollen klar verteilt: Die schriftlichen Zeugnisse über die pädagogischen Tätigkeiten in der Schule stammen in erster Linie von Jean Wintsch. Trotzdem lohnt es sich, seine Texte und das darin explizit entworfene Ideal einer pflegenden und intimen Beziehung zur nichtmenschlichen Natur näher anzuschauen.

Wintsch sprach sich wiederholt gegen die kapitalistische Naturzerstörung aus. Der Kapitalismus habe, so Wintsch, die »Naturschönheiten« zerstört und »Abholzungen, Bergstürze, Überschwemmungen und Katastrophen« verursacht. Ursache dafür seien einzig und alleine die »finanziellen Interessen« der Herrschenden sowie die regulatorische Unfähigkeit staatlicher Institutionen, hielt er etwa nach einem Hochwasservorfall in Paris Anfang 1910 fest. Ein mögliches Korrektiv zu den zerstörerischen Tätigkeiten von Staat und »Börse« sah Wintsch in Vereinen, die sich für Vogel- und Pflanzenschutz einsetzen.[239]

Aber auch die *Ecole Ferrer* sollte einen entscheidenden Beitrag zu einem achtungsvollen Umgang mit Mensch und Natur beitragen. Für ihn – und andere Anarchist*innen mit ihm – beruhte Wissen nicht nur auf einem abstrakten mentalen Erkenntnisprozess, sondern auch auf der praktischen Interaktion des Menschen mit seiner Umwelt. Nur durch die Nutzung aller Sinne, nur indem es die Gelegenheit bekommt, zu »manipulieren, ertasten, experimentieren, beobachten, überprüfen, sammeln«[240], kann das Kind mit Begeisterung seine Umgebung erfahren und verstehen. Hinter dem Anspruch, die Kinder bereits in der Schule mit Handwerksarbeiten vertraut zu machen, steckte somit nicht nur das politische Ziel der Aufwertung handwerklicher Tätigkeiten, sondern ebenso ein ganz grundsätzliches erkenntnistheoretisches Postulat: Erkenntnis ist immer auch tätige Interaktion mit der Umwelt – praktische und geistige Tätigkeiten müssen eins werden.

Ähnliches schrieb André Léo, die auch eine möglichst konkrete Wissensvermittlung in engem Kontakt mit der Umwelt anstrebte. »Wir werden auf den Feldern, entlang von Hecken, in den Wäldern Insekten und Pflanzen suchen gehen«, stand es bei ihr in einem Text von 1865.[241] Und auch noch mehrere Jahrzehnte später schrieb die individualistische Anarchistin und Lehrerin Emilie Lamotte (1876–1909) in einer seltsamen

Aufzählung, dass sich die Kinder weniger für die Grammatik als für »das Wasser, die Wolken, das sich biegende Eisen, die mysteriöse Erde, wo die Samen keimen, das Gleichgewicht und die Insekten« interessierten.[242]

Bildung musste demnach aus ihren institutionellen Schranken befreit werden und wieder enger mit den anderen Bereichen des Lebens verknüpft werden. Als die Kinder wieder dazu gebracht wurden, die »natürlichen Phänomene«, das »erste Sprießen, das Blühen der Pflanzen, das Herunterfallen der Blätter, das Erscheinen der Vögel, das Vorbeiziehen der Sterne« zu beschreiben, da sei laut Wintsch auch wieder ein anderer Bezug zur nicht-menschlichen Natur hergestellt worden; da hätten die Schüler*innen wieder eine Sorge für eine Welt entwickelt, die andere Menschen nur herabzusetzen gelernt hätten: »Die Kinder prägten sich ein, was sie sahen, sie kümmerten sich so um unsere Erde, um die wirkliche Welt, für die derart viele Menschen [...] nur Verachtung übrig haben.«[243] Aristide Pratelle, ein französischer Anarchist, Mitarbeiter Francisco Ferrers und Bekannter von Wintsch, brachte es auf den Punkt, als er für einen konkreten, praxisbezogenen »Anschauungsunterricht« Position bezog:

»Ziel des Anschauungsunterrichts ist Entwicklung des natürlichen Gefühles des Menschen für seine Umgebung, sich ein weites und positives Verständnis derselben anzueignen, was in diesem Zeitalter, in dem das Goldene Kalb auf allen Gebieten regiert, durchaus nicht der Fall ist. Heute teilt man Tierwelt und Pflanzenwelt ein in schädliche und nützliche Tiere und Pflanzen für den Menschen, als ob alles nur für unsern Gebrauch geschaffen und in die Welt gesetzt worden wäre. In unserem Zeitalter des Merkantilismus interessiert nur unser ungeheuer großer Egoismus für die Natur; man betrachtet diese wie eine ertragreiche und auszubeutende Mine, manchmal auch wie ein Etwas, das vorteilhafte Gefühle hervorruft. ›Nach mir das Ende der Welt‹ – so denken unsere modernen Herren, die würdige Produkte einer Erziehung sind, die einzig und allein nutzbringend für den Kapitalismus ist.«[244]

Auch Emma Goldman erläuterte, wie in den libertären Schulprojekten alternative Beziehungen zur Natur gefördert wurden.

»Freie Natur, gesunde Körperübungen, Liebe und Sympathie und ein tiefgründiges Verständnis der Bedürfnisse der Kinder« waren für sie zentrale Bestandteile. »Reine Luft, gute Nahrung«, körperliche Ertüchtigung, Kontakt mit der Natur und »vor allem unsere Zärtlichkeit und Sorge für die Kinder« hätten gute pädagogische Resultate bei den Kindern gezeitigt, zitierte sie den anarchistischen Pädagogen Sébastien Faure.[245]

Eine wissenschaftliche und rationale Weltanschauung war für Goldman jedoch keineswegs mit einer instrumentellen, manipulatorischen und zerstörerischen Nutzung der nichtmenschlichen Natur gleichzusetzen – im Gegenteil. So schrieb sie gemeinsam mit dem Anarchisten Max Baginski im ersten Editorial ihrer Zeitschrift *Mother Earth* von 1906: »Obwohl der Mensch aus dem Schoss von Mutter Erde stammt, weiß er es nicht und erkennt die Erde nicht als den Ursprung seines Lebens an.« In seiner Selbstverliebtheit und Ignoranz gelangte der Mensch zur Illusion, dass er »nichts mit der Erde zu tun habe, dass sie nur eine verachtenswerte Unterlage für seine Füße darstelle, dass sie für den Menschen lediglich eine Versuchung zur Selbsterniedrigung sei.«[246] Religionskritik sowie wissenschaftliche Einführung in die Geheimnisse des Lebens waren somit Wege, um Kindern und Erwachsenen eine Achtung für das Leben und die Gesetze der Natur beizubringen.

Emanzipation als freies Knüpfen und Pflegen von Beziehungen

In vielen Strömungen des linken Denkens wurden zwischenmenschliche Beziehungen sowie Verhältnisse zur nichtmenschlichen Natur nur begrenzt beachtet, wie die Queerfeministin Bini Adamczak gezeigt hat. Emanzipation wurde tendenziell als Bindungslosigkeit verstanden, als Losreißen des autonomen Individuums von seinen Abhängigkeiten und seinem Angewiesensein auf Mitmenschen und die nicht-menschliche Natur. Was aber, fragt Adamczak, wenn wir Emanzipation gerade nicht als Bindungslosigkeit konzipieren, sondern als Möglichkeit, vielfältige solidarische und sorgende Beziehungen einzugehen?[247]

In den anarchistischen Schulprojekten der Jahrhundertwende finden wir Ansätze eines solchen Befreiungsverständnisses. Bildung und Erziehung waren für die Anarchist*innen Lebensbereiche, die keinesfalls den kapitalistischen und staatlichen Logiken von Konkurrenz, Individualismus, Disziplin und Folgsamkeit unterworfen werden durften. Sie waren aber auch keine schützenden Inseln im sozialdarwinistischen Ozean des Industriekapitalismus. Indem in diesen Schulprojekten die Trennung von Bildung und Arbeit sowie zwischen Schule und restlicher Gesellschaft hinterfragt und aufgebrochen wurde, sollten die in diesen Projekten geknüpften Beziehungen eine transformative und emanzipatorische Kraft entfalten. Als Orte der Sorge und der Solidarität sollten sie einprägsame Gegenbeispiele sein und der instrumentellen Vernunft des Kapitalismus alternative Formen des Zusammenlebens entgegenhalten.

Damit dringen wir jedoch zu einem fundamentalen Widerspruch dieser Projekte vor. Während in diesen reformpädagogischen Schulen eine Ethik der Solidarität, der Fürsorge und Pflege gefördert wurde, gerieten der Beitrag und vor allem die Sorgearbeit weiblicher Anarchistinnen systematisch aus dem Blickfeld. Die in diesen Projekten aktiven Anarchistinnen wurden symbolisch und (geschichts)politisch gewissermaßen enteignet. Denn ihre Sorgearbeit – eigentlich Grundlage und Inspirationsquelle für diese alternativen Beziehungsformen – verschwand hinter der öffentlich sichtbaren Figur des denkenden, schreibenden und theoretisierenden Anarchisten und Pädagogen. Indem sie Louise Michel zur »Begründerin« der Modernen Schule machte, versuchte Emma Goldman diesem Vergessen und Verdecken entgegenzuwirken. Beiden Anarchistinnen, aber auch den zahlreichen mehr oder weniger anonymen Frauen, die in diesen Projekten tätig waren – Louise Lafitte, Henriette Garoste, Maria Verdure, Marguerite Defoucault, Emilie Lamotte, Victorine Brocher, Nathalia Wintsch-Maléeff oder Madeleine Vernet –, verdanken wir eine brandaktuelle Einsicht: »Dass die eigentliche Bedeutung der Emanzipation nicht im Wachsen der Produktivkräfte zu finden ist« und damit in der Unterwerfung von Mensch und Natur, »sondern in der Ermöglichung befriedigender Beziehungen.«[248] Und dass die Herstellung und Pflege solcher Beziehungen auch eine Form von Arbeit ist – Arbeit, an die unsere Freiheit geknüpft ist[249] und deshalb aufgewertet, gerecht verteilt und vor allem erst einmal sichtbar gemacht werden muss.

6

Commoning. Oder: Weshalb Umweltschützende die Eigentumsfrage stellen müssen

Das System des Kapitalismus beginnt zu kollabieren, wenn sich die Arbeitskraft als Macht der Menschen ausdrückt, wenn sie die Werkzeuge ihrer eigenen Erniedrigung angreift, und wenn sie wieder Verantwortung für die Erde übernimmt.

Peter Linebaugh, 2012

In den 1980er Jahren wurden nicht nur die autoritären Staatssozialismen in den globalen Kapitalismus integriert. Auch in den kapitalistischen Ländern fand eine zunehmende kapitalistische Landnahme statt, indem öffentliche Dienste und Unternehmen privatisiert, Staatshaushalte zusammengeschrumpft, die Konkurrenz zwischen Lohnabhängigen verschärft sowie soziale und demokratische Errungenschaften zurückgestutzt wurden. Die Folge dieses neoliberalen Projekts war eine Kolonialisierung zahlreicher Lebensbereiche – Freizeit, Arbeit, städtischer Raum, öffentliche Institutionen, Bildung, Gesundheit, Lebensentwürfe, Sexualpraktiken usw. – durch eine Logik des Profits, der Konkurrenz, des Individualismus und der Selbstoptimierung. Aufgrund der Anpassung der Sozialdemokratie an diesen neoliberalen Konsens sowie einer epochalen Krise der Gewerkschaftsbewegung verschwand nahezu jegliche radikale und massenwirksame Alternative zum Kapitalismus.

Es ist aber mehr als nur ein »schlechtes Timing«,[250] wenn gleichzeitig die fossile Industrie subventioniert, die industrielle Massentierhaltung und die Agroindustrie gefördert oder umweltschädliche Transportmittel sowie globale Produktionsketten ausgebaut wurden. Beides, die Ausbeutung der Arbeit und die Zerstörung der natürlichen Lebensgrundlagen, sind ineinander verschränkte Charaktereigenschaften des neoliberalen Projekts. So ist dann der »Markt« auch keineswegs die Lösung für die drohende Umweltkatastrophe. Die seit drei Jahrzehnten vorangetriebenen neoliberalen Umweltschutzpolitiken sind vielmehr undemokratisch, verschärfen soziale Ungleichheiten und sind schlichtweg unfähig, den Energie- und Ressourcenverbrauch global gesehen zu reduzieren.

Obwohl die Frage, wer über welches Eigentum verfügen kann und wie die Produktionsmittel in unseren Gesellschaften eingesetzt werden, von zentraler strategischer Wichtigkeit wäre, hat die Klimabewegung »die Eigentumsfrage bislang nicht beachtet«.[251] Dies gilt im Übrigen auch genauso für die großen Gewerkschaften sowie die sozialdemokratischen und grünen Parteien. Ohne eine Wiederaneignung der kollektiven, demokratischen Kontrolle über Ressourcen, Investitionstätigkeiten und Produktionsmittel kann die Umweltzerstörung jedoch nicht aufgehalten werden. Gleichzeitig gilt es, aus der Dichotomie zwischen kapitalistischem Privateigentum und Staatseigentum auszubrechen. Anstelle von *Verstaatlichung* sollte ein Umweltschutz der 99% von *Vergesellschaftung* sprechen, also einer Ausweitung des Gemeineigentums auf lokaler, regionaler, staatlicher oder transnationaler Ebene. Gesellschaftliche Aneignung bedeutet somit radikale Ausweitung demokratischer Gestaltungsmöglichkeiten in allen Bereichen des gesellschaftlichen Lebens: am Arbeitsplatz, den Stadtvierteln, Schulen, Universitäten, Krankenhäusern, Kitas usw. Solche *Commons* oder Allmenden sollten nicht nur als sichere Inseln in einer kapitalistischen Welt verstanden werden, sondern als »Embryos« einer anderen Form des Zusammenlebens, die Kooperation, Solidarität, Selbstbestimmung und Demokratie ins Zentrum stellt.[252] Denn *Commons* sind nicht einfach nur gemeinschaftlich verwaltete Güter, sondern das Resultat einer gemeinsamen und demokratischen Praxis des Zusammenwirkens, eines *commoning*.

Zur Redaktion der *Liberté* aus Buenos Aires gehörte auch ein in Frankreich geborener Schuhmacher namens Alexandre Sadier (1862–1936). Als Militärdienstverweigerer flüchtete Sadier Anfang der 1880er Jahre nach Genf und kam schnell in das Umfeld von Anarchist*innen, die seit dem Ende der Pariser Kommune in der Schweiz exiliert waren. Er schloss sich der *Section de propagande anarchiste* an, die zu den »thätigsten Gruppen der

Schweiz« gehörte, wie die Schweizer Staatsanwaltschaft 1885 in einem Bericht über die »anarchistischen Umtriebe« festhielt.[253] Bereits zehn Jahre zuvor war diese Sektion unter dem Namen *Section de propagande et d'action révolutionnaire socialiste* (nachfolgend *Section*) aufgetreten und hatte sich an den transnationalen Debatten innerhalb der Antiautoritären Internationale beteiligt, die sich 1872 aus der Spaltung der Ersten Internationale gebildet hatte.

So beteiligte sich die *Section* auch an dem im September 1874 in Brüssel durchgeführten Kongress der Antiautoritären Internationale. Während die »marxistische« Fraktion der Internationale ihre Aktivitäten ab 1873 weitgehend einstellte, versuchten die »antiautoritären« Sektionen ihre Tätigkeiten aufrechtzuerhalten. Ein zentraler Punkt auf der Tagesordnung des Brüsseler Kongresses von 1874 war das Thema der »öffentlichen Dienste«. Dies war keine nebensächliche Angelegenheit, ging es doch um die Frage, wie in einer postrevolutionären Gesellschaft Tätigkeitsfelder organisiert werden, die das allgemeine Funktionieren der Gemeinschaft ermöglichen. Gerade für antiautoritäre Revolutionäre handelte es sich dabei um zentrale Debatten. Denn wie konnte das Prinzip der Föderation von selbstverwalteten Kommunen mit der Verwaltung einer landesweiten Institution wie die Eisenbahn vereinbart werden? Wie mit der Tatsache umgehen, dass Selbstorganisation bisher nur sehr sporadisch in der Praxis erprobt wurde? Reichen interkommunale Abkommen aus oder braucht es eine überterritoriale, ja eventuell sogar eine »universelle« politische Instanz, die sich mit Fragen globaler Reichweite befasst?

Der bekannteste Diskussionsbeitrag stammte von der Brüsseler Sektion und wurde vom Sozialisten César de Paepe verfasst und vorgetragen. Darin schlug der belgische Arzt, im Unterschied zu den Anhängern Bakunins, nicht vor, den Staat sofort abzuschaffen, sondern, ihn in einen konföderalistischen Staat umzugestalten. Er befürwortete eine dreistufige Organisation von Kommunen, Staat und »universaler Konföderation«, die je unterschiedliche Aufgaben wahrnehmen sollten. Mit seinem Bericht suchte De Paepe somit einen Brückenschlag zwischen Marx und Bakunin – etwas, das ihm vonseiten der hartgesottenen Anhänger des russischen Anarchisten, darunter vom Jurassier Adhémar Schwitzguébel (1844–1895), scharfe Kritik einbrachte.

Auch die *Section* verfasste einen kürzeren Diskussionsbeitrag, obwohl keines ihrer Mitglieder an der Versammlung anwesend sein konnte. Die Sektionsmitglieder wollten den Bericht als »möglichst konzise Zusammenfassung« ihrer internen Diskussionen verstanden wissen und stellten von Beginn an klar, dass der Umgang mit den öffentlichen Diensten zu den zentralsten Herausforderungen einer revolutionären Umgestaltung gehöre. Unter öffentlichen Diensten verstanden die Sektionsmitglieder alle Bereiche, die aufgrund ihrer Eigenschaften dem »allgemeinen Interesse der Gemeinschaft« dienen, also alle Aktivitäten, die dazu da sind, verschiedene Gruppen von Produzenten miteinander zu verbinden, ihre Beziehungen zu erleichtern sowie den Tausch zu gewährleisten.[254] Weiter führten sie aus, dass alle öffentlichen Dienste selbstverständlich demokratisch kontrolliert und verwaltet werden sollen, weshalb eine umfassende Bildung aller Gesellschaftsmitglieder zu den wichtigsten Säulen revolutionärer Politik gehören müsste.

Im Sinne einer Konkretisierung gaben die Autoren des Berichts eine Liste mit allen gesellschaftlichen Tätigkeitsbereichen an, die in einer postkapitalistischen Gesellschaft unter öffentliche Kontrolle fallen müssen. Dazu gehören Bereiche wie die Statistik, die Bildung, die Sicherheit, die Verteidigung oder die Finanzen. Für unser Thema besonders interessant ist jedoch folgender Bereich: »Der Erhalt und die Verwaltung der natürlichen Produkte des Bodens und ihre Verteilung.«

Erhalt der Naturprodukte

So lautet der gesamte Abschnitt, in dem dieser öffentliche Dienst präsentiert wurde:

»Die Überwachung, der Unterhalt und die Erhaltung der natürlichen Produkte des Bodens, der Gehölze und Wälder, Minen, Steinbrüche, Fischereigebiete im Meer und in den Flüssen, drängen sich wie selbstverständlich als einer der wichtigsten öffentlichen Dienste auf, da die Individuen und Gruppen ein absolutes Bedürfnis nach diesen natürlichen Produkten haben.

In der Tat sind Gruppen wie auch Einzelpersonen, Landwirte wie auch Handwerker daran interessiert, folgendes sicherzustellen:

1. Heizmittel [...]
2. Materialien für den Bau [...]
3. Auf der Grundlage der von der Wissenschaft bereitgestellten Daten eine Regel festzustellen, nach der die Nahrungsmittel verbraucht werden, die von Wäldern und Flüssen (Fische und Wild) bereitgestellt werden.

Schließlich sind die Einzelpersonen nicht nur an der gerechten und vernünftigen Erhaltung und Verteilung der Produkte des Bodens interessiert, die Gemeinschaft muss in erster Linie über ihre Erhaltung und ihren Unterhalt wachen. Daher die Notwendigkeit eines öffentlichen Dienstes, der sich um all das kümmert, was mit dieser Erhaltung und diesem Unterhalt zusammenhängt.«[255]

Hier wurde eine Vergesellschaftung natürlicher Produkte nicht nur mit einer gerechten Verteilung und einer demokratischen Mitbestimmung, also aus sozialen Gesichtspunkten, gerechtfertigt. Vielmehr wollten die Genfer Anarchisten ihre Genossen davon überzeugen, dass der vernünftige – heute würden wir sagen »nachhaltige« – Umgang mit natürlichen Reichtümern nur möglich ist, wenn diese Ressourcen unter demokratische Verwaltung gestellt werden.

Deshalb verwendeten sie auch den französischen Begriff »conservation«, der zu jener Zeit im Sinne einer »Erhaltung« natürlicher Ressourcen verwendet wurde und auch außerhalb sozialrevolutionärer Kreise verhandelt wurde. Im Frankreich des 19. Jahrhunderts, dem Land, aus dem die meisten Mitglieder der *Section* stammten, ging es dabei in erster Linie um den Erhalt der Waldbestände. Schon unmittelbar nach der Französischen Revolution und der Versteigerung zahlreicher kirchlicher Waldgüter wurde deutlich, dass die neuen privaten Waldbesitzer zu einer intensiven Nutzung der Wälder übergegangen waren. In einer Zeit der Restauration, in der viele den

Exzessen des revolutionären Prozesses nachtrauerten, wurden die exzessiven Waldrodungen gerne angeführt, um die krassesten Auswüchse des Privatbesitzes anzuprangern. Jean-Baptiste de la Bergerie beispielsweise, Nachfolger des großen Naturforschers Buffon an der »Académie Royale d'Agriculture«, beklagte den unvorsichtigen Umgang mit den Wäldern. Während er die positiven Seiten der vom Bürgertum errungenen unternehmerischen Freiheiten nicht in Abrede stellen wollte, kritisierte er den übertriebenen Egoismus und die kurzsichtige Nutzung der natürlichen Ressourcen. Mit Verweis auf ein »Gemeinwohl« appellierte er an den Staat, der die Waldbestände regulieren sollte.[256] Auch der deutsche Begriff der »Nachhaltigkeit« stammt aus der Forstwirtschaft und wurde bereits Anfang des 18. Jahrhunderts erstmals von Hans von Carlowitz verwendet. Als Oberhauptmann des sächsischen Erzgebirges war er an einem beständigen Rohstofffluss interessiert, um den Holzbedarf im Bergbau zu stillen.

Die »vernünftige« und »nachhaltige« Bewirtschaftung der Wälder mithilfe von Wissenschaftlern, Verwaltern und Forstwächtern war indes nicht einfach im Sinne aller Menschen. Das Recht von Dorfbewohnenden, ihre Tiere in den Wäldern grasen zu lassen oder totes Holz aufzusammeln, wurde abgeschafft, um die Wälder nach Belieben abholzen und mit einheitlichen Baumpflanzungen ersetzen zu können. In den 1830er und 1840er Jahren kam es in Frankreich zu zahlreichen Angriffen gegen Forstwächter, die aus Sicht der lokalen Bevölkerung die zunehmende Kriminalisierung der populären Waldnutzung verkörperten. Der bekannteste Konflikt in dieser Sequenz von sozialen Auseinandersetzungen über die Nutzung der Wälder war der »Krieg der Maiden« [guerre des demoiselles], der zwischen 1829 und 1832 in der Ariège (Pyrenäen) stattfand. Als Frauen verkleidet griffen Landbewohner die Forstwächter und Grundbesitzer an, um gegen das neue Forstgesetz zu rebellieren, das die Nutzrechte der Wälder einschränkte. Das Sammeln von Holz, die Nutzung von Weideflächen sowie das Jagen, Fischen und Sammeln von Früchten und Beeren wurde verboten, um den Wald vornehmlich für industrielle Zwecke zu nutzen.[257]

Die langfristige Sicherstellung der Waldbestände war für die staatlichen Akteure jedoch nicht nur aus ökonomischen Gesichtspunkten von Bedeutung. Wälder waren für sie auch aus anderen Gründen von größter Wichtigkeit: Es ging um den Schutz und die Regulierung des Klimas. Naturforscher und Politiker der damaligen Zeit waren sich nämlich schon damals einig, dass Waldrodungen und veränderte Formen der Landnutzung zu einer Modifikation des lokalen Klimas führen. Und eine Veränderung des Klimas war keine Nebensächlichkeit, denn Klimabedingungen beeinflussten direkt den »Geist der Völker«, wie schon der Philosoph Charles de Montesquieu im 18. Jahrhundert zu beweisen versuchte.

War dieser Einfluss des Klimas auf die »Geisteszustände« der Völker einmal allgemein anerkannt, konnte das Argument in verschiedene Richtungen angewandt werden: Entweder es diente als Warnruf vor der »Verschlechterung« des Klimas, das die »zivilisierten Völker« wieder einige Stufen zurück in Richtung »Barbarei« versetzen könnte. Oder aber die Waldrodungen wurden als Mittel zur »Verbesserung« des Klimas gepriesen. Zu diesem letzten Argument griff kein geringerer als der US-Präsident Thomas Jefferson. Waldrodungen und die Ausbreitung der Agrarwirtschaft lagen ihm auch deshalb am Herzen, weil er sich für die Vereinigten Staaten ein »europäischeres« Klima herbeisehnte, das einem »zurückgebliebenen« Volk dazu verhelfen sollte, auf der Leiter des Fortschritts und der Zivilisation emporzusteigen.[258] Kolonisten führten diese rassistische Rechtfertigung bis weit ins 19. Jahrhundert an. »Unsere Rasse wird ihre europäischen Eigenschaften dank der Aufforstung konservieren«, schrieb 1876 der in Algerien tätige Agronom François Trottier.[259] Mit welchen Motiven solche Argumente aber auch immer vorgetragen wurden: Immer ging es beim Thema der Waldrodungen um eminent politische Fragen, die sich nicht nur um den Schutz einiger Bäume drehten, sondern bei denen das gesamte gesellschaftliche Zusammenleben auf dem Spiel zu stehen schien. Der Frühsozialist Charles Fourier schrieb 1822 einen Textentwurf mit dem Titel »Materielle Verschlechterung des Planeten«. Das Urbarmachen von Land stellte für ihn eine große Gefahr für das Klima und die menschliche Gesundheit dar.[260] So stellt die Historikerin Caroline Ford fest, dass die Öffentlichkeit im Frankreich des 19. Jahrhunderts vom Waldschutz geradezu besessen war. Nicht nur Naturforschende oder öffentliche Verwalter wurden von diesem Fieber erfasst; ein breites Publikum beteiligte sich an diesen Diskussionen. Wenn über Waldrodungen gesprochen wurde, ging es um eine Vielzahl ökologischer Schäden, »darunter Klimawandel, Krankheiten, Überschwemmungen und erodierende Ufer«.[261]

Das waren Sorgen, Warnrufe und Kritiken, die auch in anarchistischen Publikationen zu vernehmen waren, jedoch zu anderen politischen Schlussfolgerungen führten. Von den Anfängen der Ersten Internationale bis ins frühe 20. Jahrhundert hinein wurden Umweltschäden in sozialistischen und anarchistischen Kreisen immer wieder als Beweis für die Absurditäten des Privateigentums angeführt. Schon auf dem Brüsseler Kongress der Ersten Internationale von 1868 kamen die Delegierten zu dem Schluss, dass »die Übergabe der Wälder an Privatpersonen zu einer Zerstörung der Wälder« führen werde und dass »diese Zerstörung an einigen Orten schädlich sein könnte für den Schutz der Quellen und damit auch für die Qualität der Böden sowie die öffentliche Gesundheit und das Leben der Bürger«. Wälder waren Teil eines größeren Netzes des Lebenden. Die Schlussfolgerung war deshalb klar: »Der Kongress denkt, dass die Wälder in den Händen der Kollektivität bleiben müssen.«[262] Und dreißig Jahre später schrieb der Anarchist Jean Grave, ein Bekannter Alexandre Sadiers:

»So hat die private Aneignung dazu geführt, dass einige es als vorteilhaft empfanden, die Wälder, die die Anhöhen bedeckten, abzuholzen. Sie fanden so ein Mittel, einen sicheren und unmittelbaren Profit zu erwirtschaften. Da aber niemand direkt am Schutz der Wälder interessiert war, wurden die Anhöhen entwaldet, ohne dass man versucht hätte, neue Bäume zu pflanzen. Die Erde wurde dann nicht mehr von den Wurzeln festgehalten, rutschte aufgrund von Regenfällen und anderen Ursachen ab [...].«[263]

Doch die Kette von Ursachen und Wirkungen war für Grave noch nicht zu Ende. Er sprach auch von Regenfällen, die aufgrund der fehlenden Vegetationsdecke nicht mehr aufgehalten und von den Böden aufgesaugt werden konnten und die sich nun in schnelle und zerstörerische Sturzbäche verwandeln. Schließlich sei auch eine »Verschlechterung des Klimas« eingetreten, da die Winde nicht mehr durch die Bäume abgehalten werden und sich die Wolken nicht mehr ausregnen können.

Ob alle diese Aussagen noch heute wissenschaftlich erhärtet sind, sei dahingestellt. Was diese Textpassagen aber allesamt zeigen, ist, dass Naturräume wie Wälder erstens in größere ökologische und soziale Systeme eingebettet waren und dass deshalb zweitens die Kollektivierung von Ressourcen auch aus »ökologischen« Erwägungen angestrebt wurde.

Die endlich entdeckte politische Form

Wenn die Mitglieder der *Section* von der Kollektivierung der »natürlichen Produkte des Bodens« sprachen, lag dies jedoch nicht nur an den breit geführten öffentlichen Diskussionen über den Waldschutz. Um dieser Forderung tatsächlich auf den Grund zu gehen, müssen wir unsere Suche woanders fortsetzen. Die Suche wird uns zeigen, dass die Forderung viel enger mit der Lebenswelt der Genfer Anarchisten verbunden war, als angenommen werden könnte.

Rufen wir uns in Erinnerung, dass die Forderung der *Section* weit über die staatliche Regulierung einer natürlichen Ressource hinausging. Was sie vielmehr verlangte, war eine öffentliche, demokratische, inklusive und föderalistische Verwaltung der Wälder, Flüsse, Seen, Minen, Steinbrüche usw. Ihnen ging es, in anderen Worten, um eine Vergesellschaftung, ein *commoning*, von natürlichen Ressourcen. Und über genau solche Formen der gemeinschaftlichen und demokratischen Verwaltung des Lebens wussten die Mitglieder der *Section* sehr gut Bescheid.

Ihr Wohnort, das Genf der 1870er Jahre, war ein Ort des Austausches und des Treffpunkts, wo verschiedene revolutionäre Erfahrungen aufeinandertrafen und sich gegenseitig bereicherten. Da waren zunächst die berüchtigten »Kommunarden«, die an der Pariser Kommune von 1871 beteiligten Revolutionär*innen, die sich auf der Flucht vor der Repression durch den französischen Staat vor allem in Genf und Umgebung niederließen. Auf circa 800 meist gut qualifizierte Arbeiter*innen schätzt der Historiker Marc Vuilleumier die Zahl der in der Schweiz lebenden Kommunard*innen.[264] Viele Mitglieder der *Section* waren selbst Kommunarden. In Diskussionszirkeln, Kneipen und Zeitungsredaktionen versuchten diese Exilierten, die blutige Niederlage auf den Barrikaden von Montmartre von Ende Mai 1871 zu verarbeiten. Die rücksichtslose Niederschlagung des Aufstandes in Paris löste eine tiefe Krise der französischen Arbeiterbewegung aus, die erst nach mehreren Jahren aus der Repression und aus internen Zerwürfnissen herausfinden sollte. Unterdessen versuchten die Verbannten und Geflüchteten durchzuhalten, sich finanziell irgendwie durchzuschlagen, sich gegen Spitzel zu wappnen, das Erlebte einzuordnen und strategische Schlüsse zu ziehen. Und wie immer nach solchen historischen Niederlagen zankten sie sich gehörig.

All dies konnte sie jedoch auch nicht darüber hinwegtäuschen, dass sie an der wohl wichtigsten revolutionären Bewegung des 19. Jahrhunderts beteiligt gewesen waren. Was während dieser 72 Tage umgesetzt oder auch nur angedacht wurde, verdichtete sich zu einem neuen Horizont der menschlichen Befreiung. Sie schafften die Todesstrafe und die Nachtarbeit in Bäckereien ab, bezahlten den Abgeordneten nicht mehr als einen durchschnittlichen Arbeiterlohn, nahmen sich das Recht, jeden politischen Funktionsträger jederzeit abzuwählen, enteigneten die Kirchen, trennten Kirche und Staat. In Sachen Frauenrechte waren die Maßnahmen ambivalenter: Zwar wurden Lohngleichheit zwischen Lehrer*innen beider Geschlechter postuliert, Frauenkooperativen gefördert oder eine Witwenrente für Frauen (und Kinder) von getöteten Nationalgarden eingeführt, egal ob diese Frauen mit den Verstorbenen verheiratet waren oder nicht.[265] Gleichzeitig blieb das Stimmrecht auf die Männer des selbstverwalteten Paris beschränkt. Wie in jeder Revolution, schreibt der Historiker der Kommune Jacques Rougerie, spielten Frauen aber eine tragende Rolle. Sie kämpften nicht nur mit Waffen, wie die legendäre Louise Michel, sondern betätigten sich als Pflegerinnen oder Köchinnen. Frauen der Ersten Internationale wie die russische Revolutionärin Elisabeth Dmitrieff gründeten die *Union des femmes pour la défense de Paris,* welche gut 300 Frauen versammelte und die Kranken- und Verletztenpflege sowie die Sorge um Kinder, Waisen, Arme und Betagte organisierte. Bürgerinnenrechte waren den Frauen der Union eher unwichtig, sie forderten vielmehr die Gleichstellung zwischen Ehegatten oder das Recht auf Scheidung und Zivilehe sowie ganz allgemein die »absolute soziale Revolution« und die »Selbstbefreiung der Arbeitenden«.[266]

Solche Maßnahmen sollten aber nur der Anfang sein. Das revolutionärste und befreiendste an der Kommune war nämlich »ihr eignes arbeitendes Dasein«,[267] wie es Marx treffend nannte. Oder wie er es auch ausdrückte: In der Pariser Kommune erahnten viele die »endlich entdeckte Form, unter der die ökonomische Befreiung der Arbeit sich vollziehen konnte«.[268] Ein vormals abstraktes, oder zumindest nur in kleinen Arbeiter*innensektionen praktiziertes Ideal einer demokratischen, egalitären, föderalen Selbstverwaltung nahm eine handfeste, lebhafte Form an; es prägte sich in Körper und Geist der Kommunard*innen ein. Um die Freiheit wirklich zu kennen, müsse man »in sie hineingebissen haben, wie ein Hungriger in ein Brotstück«, lässt der Antimilitarist Lucien Descaves in seinem historischen Roman *Philémon* über die Zeit nach der Kommune seinen Protagonisten sagen.[269] Die Kommune war in den Worten des Philosophen Henri Lefebvre ein »Fest«, wo das Zusammenleben, das Fortbewegen im öffentlichen Raum und zwischenmenschliche Umgangsformen neu verhandelt wurden: Nicht nur die berühmte Siegessäule *Colonne de Vendôme* als Symbol des imperialistischen Kaiserreichs wurde zerstört. In zahlreichen spontanen Aktionen schleiften Menschen Statuen oder verhüllten sie mit schwarzen Tüchern, veränderten Straßennamen und entfernten Kruzifixe aus öffentlichen Räumen. Rote Fahnen hingen von den Rathäusern und schmückten die Maste der Schiffe auf der Seine. Die Schlosser gehörten zu den gefragtesten Berufsgruppen, denn überall galt es Türen, Schränke und Schubfächer von Ministerien, Gemeindeeinrichtungen und Kommissariaten aufzubrechen.[270] Kirchen wurden besetzt, das »Sankt« aus ihrem Namen gestrichen und zu Versammlungsorten umfunktioniert. In den politischen Clubs oder den Kompanien der Nationalgarden, beides zentrale Orte der Soziabilität und der Politisierung, nannte man sich »citoyenne« bzw. »citoyen«, nicht mehr »Madame« resp. »Monsieur«. In der Kommune kollidierten verschiedene Zeiten miteinander. Die Bezüge zur Französischen Revolution, zur Pariser Kommune von 1792 oder zu den Aufständen von 1848/49 waren allgegenwärtig. Die »soziale und demokratische Republik«, wie es hieß, distanzierte sich aber auch in gewissen Punkten von der Vergangenheit, indem etwa die Guillotine – Symbol der jakobinischen Herrschaft zwischen 1793 und 1794 – am 6. April 1871 verbrannt wurde.

Zwischen »Commons«, »Kommune« und Kommunismus besteht somit nicht nur eine etymologische Verwandtschaft. Was die in Paris lebenden Arbeiter*innen im Frühjahr 1871 erprobten, war eine revolutionäre Form der gemeinschaftlichen und solidarischen Gestaltung des öffentlichen Lebens. Eine Erfahrung, auf die sie ein exklusives Recht weder geltend machen wollten noch konnten. Sie trafen in Genf nämlich auf Menschen, die von vergleichbaren, aber geografisch weit entfernten Formen des gemeinschaftlichen Zusammenlebens wussten.

Unter die französischen Exilierten sowie die lokale Arbeiter*innenschaft mischte sich eine ansehnliche Menge russischer Revolutionär*innen, die die vergleichsweise liberale Schweizer Asylpolitik nutzten, um der staatlichen Verfolgung im Zarenreich zu entkommen. Auch im Umfeld der *Section* verkehrten verschiedene Russ*innen, wie etwa der ehemalige Mitarbeiter des berühmten russischen Sozialisten Alexander Herzen, Nicolas Joukovsky. In den ruralen Dorfgemeinden Russlands, zu Russisch *mir* oder *obschina*, wo die Anwohner*innen den Boden gemeinschaftlich und mehr oder weniger demokratisch verwalteten und nutzten, sahen viele russische Revolutionär*innen einen reichhaltigen Grund für eine freie, egalitäre und solidarische Gesellschaft der Zukunft. Entsprechend lehnten sie die Einführung des privaten Grundeigentums resolut ab; der Weg in eine freie und solidarische Zukunft durfte in ihren Augen keineswegs über den Pfad einer kapitalistischen Industrialisierung beschritten werden. Der Aufbau einer emanzipierten Gesellschaft führte vielmehr über eine Verteidigung und Ausweitung der Commons.

Fast zur selben Zeit gelangte auch Karl Marx zum selben Schluss, ebenfalls im Dialog mit russischen Sozialist*innen. In einem Brief an die russische Sozialrevolutionärin Wera Sassulitsch, die auch in Genf verweilte und in anarchistischen Kreisen verkehrte, plädierte er für die Erhaltung der »Ackerbaugemeinde« und einen alternativen Pfad zur technischen gesellschaftlichen Modernisierung, der die Brutalität der kapitalistischen Enteignungen umgehen sollte.[271]

Rebellischer Universalismus

Auch zwei Jahre vor dem Brüsseler Kongress, im jurassischen Dorf Sonvilliers, drehte sich alles um die Kommune. Dort erhielt die Sektion der anarchistischen Juraföderation eine etwas erstaunliche Einladung: Die *Société d'utilité publique* fragte die Internationalisten an, ob sie ihre Ansichten zur kommunalen Organisation bei einer ihrer Veranstaltungen vortragen wollten. Ihr Präsident, der Freisinnige Arnold Rossel, Befürworter des allgemeinen männlichen Wahlrechts sowie der Trennung von Kirche und Staat, hatte auch ein offenes Ohr für die »soziale Frage«. Die Arbeitenden nahmen die Einladung an, und am 11. März 1872 präsentierte der Uhrenmacher Adhémar Schwitzguébel einen Bericht, den die Sektion in gemeinsamen Diskussionen erarbeitet hatte.

Ziemlich genau ein Jahr nach dem Beginn der Pariser Kommune machte Schwitzguébel keinen Hehl aus seinen revolutionären Ansichten: »Wir sind deshalb für die Revolte der Kommunen gegen den Staat«, ließ er ohne Umschweife verlauten.[272] Der Sektion von Sonvillier schwebte eine pyramidale Organisationsform vor, bei der sich kleinräumige Kollektive schrittweise zu größeren Gebilden zusammenschließen sollten. Jede*r Anwohner*in sollte Mitglied der Kommune sein, ungeachtet ihrer oder seiner Nationalität. Prinzipien wie Meinungs- und Versammlungsfreiheit sowie individuelle Selbstbestimmung sollten besonders hochgehalten werden. Und selbstverständlich stand es in der Macht der lokalen Kommune, die »öffentlichen Dienste« zu organisieren.

Alles weltfremde Utopien? Gehörte dieses Anliegen »in ganz Europa und in der gesamten Schweiz« bereits der Vergangenheit an; waren die Internationalisten dazu verdammt, für immer »eine Minderheit ohne Zukunft« zu bleiben? Ja, meinte Schwitzguébel: Er und seine Genoss*innen seien die »Besiegten«. Und ja, erkannte er an: Sie seien auch eine kleine Minderheit. Doch dieser Sieg der bürgerlichen Staatsform sei nicht definitiv. Sofern die sozialen Missstände, die Arbeitslosigkeit, die Herrschaft des Kapitals und der Großindustrie nicht aus der Welt geschafft würden, werde bald nicht nur Paris, »sondern alle revolutionären Kommunen Europas die Aufhebung der aktuellen sozialen Ordnung verkünden«.[273]

Schwitzguébel situierte die Organisationsform der Kommune in einer langen Geschichte des Widerstands gegen Zentralismus und Privateigentum. Er erkannte gemeinsam mit vielen Revolutionär*innen, dass *commoning* ein Prinzip ist, welches das Zusammenleben der Menschen seit Tausenden von Jahren prägte. Daraus folgte ein »rebellischer Universalismus«[274], der von der Erkenntnis ausging, dass dieses kommunale Prinzip des Zusammenlebens nicht nur in Westeuropa, sondern in allen Regionen der Welt anzutreffen war. Das Mitglied der *Section*, der alte Revolutionär Gustave Lefrançais, der bereits 1848 auf den Barrikaden von Paris gekämpft hatte, drückte es so aus: Niemand könne auf die Idee des »Kommunalismus« Besitzansprüche geltend machen.[275] Auch die Geschichte des *commoning* ist ein Gemeingut.

Neues erkämpfen, indem dem Alten neues Leben eingehaucht wird – Verteidigung des Alten mit neuen Strategien. Die »Kommune« war ein Schlüsselbegriff, mit dem diese Revolutionär*innen die Geschichte neu dachten; die Kettenglieder Vergangenheit, Gegenwart und Zukunft auf neuartige Weise zusammenschweißten. Und mit dem sie dabei – das zeigt uns das Beispiel der *Section* – auch das unveräußerliche Recht der Gemeinschaft auf den Schutz und die Verwaltung der natürlichen Ressourcen verteidigten und zu einer Grundlage eines guten Lebens in Solidarität, Freiheit und Gleichheit machten. Eine andere Form der Freiheit nahm Gestalt an. Diese Freiheit basierte, um es mit den schönen Worten Eva von Redeckers auszudrücken, »auf einer wilden Verbundenheit, miteinander und mit der geteilten Welt«.[276] Hierin lag das Potenzial eines nicht-eurozentristischen Universalismus, wie das nächste Kapitel zeigt.

7

Woanders beginnen. Oder: Weshalb in einer ökologischen Welt viele Welten Platz haben müssen

Und in dieser Globalisierung der Rebellion kommen nicht nur die Land- und Stadtarbeiter vor, sondern auch andere Männer und Frauen, die aus dem gleichen Grund verfolgt und verachtet werden, weil sie sich nicht beherrschen lassen wollen, so wie die Frauen, die Jugendlichen, die Indigenas, die Homosexuellen, die Lesbierinnen, die Transsexuellen, die Migranten und viele andere Gruppen, die es sowieso auf der ganzen Welt gibt, aber die wir erst sehen, wenn sie »ya basta« rufen, nämlich dass sie genug davon haben, verachtet zu werden, und sich erheben, und jetzt sehen wir sie und hören sie und verstehen sie.

Sechste Erklärung aus der Selva Lacandona von der EZLN, 2005

Das dem Kapitalismus eingeschriebene koloniale Projekt negiert die Vielfalt menschlicher Lebensformen und gesellschaftlicher Naturverhältnisse. Wenn »Diversität« im herrschenden System einen Platz hat, dann nur als verwertbares Ding, als Ressource für die Tourismusindustrie oder Mittel zur Selbstoptimierung – als selektive Anreicherung einer verarmten und engstirnigen kapitalistischen Rationalität.

Die weltweit geführten Kämpfe von Indigenen gegen Umweltzerstörung und den Erhalt ihrer Lebensformen gehen über diese enge Definition von Diversität hinaus. Ihr Kern, so der politische Denker und Mitglied der Yellowknife Dene, Glen Coulthard, ist die »Landfrage«. Dabei geht es nicht nur um »Land im materiellen Sinn«, sondern um alles, »was das Land als System gegenseitiger Beziehungen und Verpflichtungen uns darüber lehren kann, unser Leben und unsere Beziehungen zueinander und zur natürlichen Welt auf nicht-dominante und nicht-ausbeutende Art zu handhaben«.[277] Kooperative und kollektive Beziehungen zwischen Menschen und Nicht-Menschen sowie selbstbestimmte Bindungen zum Territorium sind das Ziel dieser Auseinandersetzungen, nicht einfach Inklusion in eine kapitalistische Gesellschaft und die Anerkennung von einigen wenigen kulturellen Rechten. Der Kampf für Menschenrechte und Selbstbestimmung muss deshalb mit der Verteidigung der »Rechte der Mutter Erde und aller auf ihr lebenden Wesen« einhergehen, wie verschiedene zivilgesellschaftliche Organisationen 2010 an der *World People's Conference on Climate Change and the Rights of Mother Earth* festhielten. Mit anderen Worten: Ohne »Emanzipation der Erde vom Kapitalismus« keine Autonomie und Selbstbestimmung.[278]

Die in diesen Kämpfen zum Einsatz gebrachten Werte und Lebensformen sind allerdings nicht zeitlos. Wir dürfen darin keinesfalls moderne Versionen der »edlen Wilden« sehen. Indigene sind vielmehr zentrale Subjekte der Geschichte. Ihre Kämpfe haben eigene Geschichten, sind Produkt von selbstbestimmten und selbstgewählten Praktiken des Widerstands und der Solidarität. In einem doppelten Sinn ist deren »Geschichte die Zukunft«.[279] Zum einen haben viele indigene Gemeinschaften in den letzten 500 Jahren eine soziale und ökologische Zerstörung erlebt, die vielen noch bevorstehen könnte.[280] Zum anderen ist ihre Geschichte des Widerstands und der Entwicklung sorgender Beziehungen zum Land und zu anderen Ressourcen im wahrsten Sinne des Wortes zukunftsträchtig.

Unter diesen Voraussetzungen stehen Linke des globalen Nordens vor der Herausforderung, das Projekt der universellen Emanzipation anders zu denken als eine einheitliche und einseitige Ausbreitung von westlichen Werten und Vorstellungen. Es geht darum, einen Universalismus in Konstruktion zu konzipieren, der davon ausgeht, dass keine »Kultur« einen exklusiven Hoheitsanspruch auf Werte wie etwa Solidarität, Freiheit und Gleichheit geltend machen kann.[281] »Die Geschichte aller Völker und aller Kontinente ist von einem Begehren nach Gleichheit geprägt [...]. Solche Bewegungen sind weit davon entfernt, das Gut einer einzigen Zivilisation zu sein, und müssen als Gemeingut der gesamten Menschheit angesehen werden.«[282] Es geht somit darum, einander zwischen verschiedenen weltweit stattfindenden Bewegungen gegen ein Leben verneinendes, abstrahierendes und vereinheitlichendes System auf Augenhöhe zu begegnen, aktiv und solidarisch das Gemeinsame dieser Kämpfe zu suchen. Oder um es mit den Neozapatist*innen zu sagen: In einer freien und ökologischen Welt müssen viele Welten Platz haben.

Victor Serges autobiografischer Roman *Geburt unserer Macht* beginnt mit dem spanischen Generalstreik von 1917. Unter den Figuren, welche das unter dem revolutionären Aufruhr bebende Barcelona bevölkern und die Wege des Erzählers kreuzen, befindet sich ein Mann genannt »El Chorro«. So wird er uns beschrieben:

»El Chorro, gelbhäutiger als ein Chinese, mit aufrechtem Blick, flachen Schläfen und fleischigen Lippen, El Chorro mit seinem lautlosen Lachen, der – wenn er überhaupt etwas war – vermutlich Mexikaner war: auf jeden Fall pflegte er manchmal familiär und voller Bewunderung vom legendären Emiliano Zapata zu sprechen, der eine soziale Republik in den Morelos-Bergen gemeinsam mit rebellischen Bauern gründete – Nachkommen der antiken bronzehäutigen Völker. ›Die erste der Moderne‹, erklärte dann El Chorro stolz und mit ausgebreiteten Händen.«[283]

Kaum hat der Roman begonnen, gerät die zeitliche und geografische Ordnung der Geschichte aus der Balance. Denn eigentlich erzählt Serges Roman die Geschichte der späten europäischen Kriegsjahre und der Entwicklung bis zur Russischen Revolution – der ersten erfolgreichen Revolution des 20. Jahrhunderts, wie es häufig heißt. Serge, der als Sohn russischer Emigranten in Belgien geborene Schriftsteller, erzählt uns die Geschichte des heroisch scheiternden spanischen Generalstreiks von 1917, der mit der siegreichen, aber tragisch endenden Russischen Revolution kontrastiert wird. Nun berichtet aber »El Chorro« von der sozialen Republik Zapatas als von einer anderen sozialen Revolution, der die Ehre gebühren sollte, die erste gewesen zu sein. Eine Revolution, bei der sich zudem die Frage stellt, ob sie überhaupt »in die Reihe großer Revolutionen des 20. Jahrhunderts eingeordnet werden kann, ob sie gar einem ›Typus‹ der Revolution im 20. Jahrhundert entspricht«.[284] Denn an diesem Ende 1910 ausbrechenden und je nach Periodisierung bis 1920 oder 1940 andauernden revolutionären Prozess waren arme Bauern, Landlose und Indios prägende Akteure, das moderne »Industrieproletariat« betrat erst später die Bühne der revolutionären Ereignisse. Die erste oder die letzte? Oder vielleicht beides? Wo beginnt eine Geschichte, wo endet sie?

Vielleicht ist es gerade eine Eigenschaft von Revolutionen, Chronologien und Periodisierungen durcheinanderzubringen. Gleiches geschah mit der Pariser Kommune von 1871: War sie der letzte revolutionäre Aufstand einer Geschichte, die 1789 begann und mit der Dritten Republik von 1870 endete – die letzte Zuckung eines Pöbels, der die Zukunftsträchtigkeit einer liberalen, kapitalistischen und kolonialistischen Republik nicht erkennen wollte? Heroischer Aufstand, aber mit überholten Methoden, entgegneten viele Sozialist*innen um 1900; letzter Kampf, der sich auf den Barrikaden zutrug, von nun an jedoch an den Urnen ausgefochten werden muss! Oder vielleicht doch die erste sozialistische Revolution, erster Versuch einer Arbeiter*innendemokratie, »die endlich entdeckte politische Form, unter der die ökonomische Befreiung der Arbeit sich vollziehen konnte«?[285]

Revolutionen machen keinen reinen Tisch mit der Vergangenheit, sondern stellen die aus der Geschichte übermittelten Bedingungen des menschlichen Zusammenlebens zur Disposition und erlauben den Akteuren eine »radikale Rekombination präexistierender Elemente«.[286] Wir beginnen also immer mittendrin. Geschichten starten nie an einem Nullpunkt, sondern sind immer tief in der Zeit verwurzelt – und geben uns so die Möglichkeit, das Geschehen von einem anderen provisorischen Startpunkt aufzurollen. Was auch bedeutet, die Geschichte an einem anderen Ort zu beginnen.

Die erste Revolution des 20. Jahrhunderts

Folgen wir also der Spur, die uns Serge mit seiner Romanfigur hinterlassen hat, und begeben wir uns ins Mexiko des frühen 20. Jahrhunderts. Dort ereignete sich nicht nur ein sozialrevolutionärer Aufstand mit großer politischer Aktualität, da um eine kollektive Kontrolle über den Boden und die natürlichen Ressourcen gekämpft wurde. Auch die universelle Gültigkeit von westlichen Revolutionsvorstellungen wurde auf die Probe gestellt. Es ging somit um die Fähigkeit und Bereitschaft von aus Europa stammenden sozialistischen und anarchistischen Theorien und Theoretiker*innen, sich auf einen ausgangsoffenen, solidarischen und symmetrischen Dialog mit nicht-westlichen Vorstellungen, Werten und Formen des Zusammenlebens einzulassen.

Das Mexiko des frühen 20. Jahrhunderts war ein widersprüchliches Gebilde, typisches Beispiel einer »kombinierten, aber ungleichen Entwicklung«. Unter der diktatorischen Herrschaft von Porfirio Díaz zwischen 1876 und 1911 sollte das Land modernisiert und ein zentralistischer Staat nach westlichem Vorbild errichtet werden. Es bildete sich ein oligarchischer Staatsapparat heraus, der von einer technokratischen Regierungselite kontrolliert wurde. Diese sogenannten Científicos [Wissenschaftler] sahen sich in der Tradition des europäischen Positivismus und verwalteten einen wirtschaftlichen und sozialen »Fortschritt« in politischer »Ordnung«. Mithilfe massiver Auslandsinvestitionen wurden exportorientierte Wirtschaftszweige wie die Plantagenwirtschaft, die Minenindustrie oder der Eisenbahnbau gefördert. In einem Land, in dem ein Großteil der Bevölkerung von der Landwirtschaft lebte, geriet die traditionelle Subsistenzwirtschaft zunehmend unter Druck. Mithilfe militärischer Expeditionen wurden Indigene wie etwa die Yanquis im nördlichen Sonora enteignet, und das Gemeindeeigentum, das in gewissen Regionen Mexikos noch weit verbreitet war, wurde zunehmend den expandierenden Großgrundbesitztümern einverleibt. Im zentralmexikanischen Bundesstaat Morelos etwa, Herkunftsort des berühmten Revolutionärs Emiliano Zapata (1879–1919), entbrannten deshalb zahlreiche Konflikte um die Landnutzung oder die Wasserrechte.[287] In der kommunalen Form des Boden- und Ressourcenbesitzes – den sogenannten *Ejidos* – sowie der dörflichen Form des Zusammenlebens sieht der Historiker Adolfo Gilly deshalb den »Kern«, der beim Ausbruch der mexikanischen Revolution 1910 einen jahrzehnte-, wenn nicht jahrhundertealten bäuerlichen und indigenen Widerstand mit einem sozialrevolutionären Gedankengut verband.[288]

Die Revolution brach durch den Streit um die Nachfolge Porfirio Díaz' aus. Ein Aufstand, der sich der gefälschten Wiederwahl des Langzeitherrschers widersetzte, brachte Francisco Madero, Sohn eines Großgrundbesitzers, 1911 an die Macht. Dessen Anhänger drängten rasch auf eine Stabilisierung des neuen Regimes, vermochten jedoch die durch den Zusammenbruch des porfiristischen Staats entfesselten sozialen Kämpfe nicht im Zaum zu halten. Denn für die bäuerliche Bevölkerung war der Machtwechsel keinesfalls das Ende der Revolution, sondern erst der Anfang einer selbstständigen Aneignung des Großgrundbesitzes und einer Verteilung des Bodens. Dies war auch der Grund, weshalb die Regierung Maderos für Großgrundbesitzer, Militärs und Unternehmer immer weniger haltbar wurde. Der Ruf nach einem starken Mann, der die Begehrlichkeiten der Massen unterdrückt und den Reformwillen der Madero-Anhänger bremst, nahm in diesen Kreisen zu. Vom Militärputsch Victoriano Huertas im Februar 1913, der von den USA unterstützt wurde, versprachen sie sich eine Rückkehr zu porfiristischen Verhältnissen. Das Parlament wurde gewaltsam aufgelöst und Oppositionelle inhaftiert. Statt den Revolutionsprozess zu unterbrechen und die politische und soziale Lage im Sinne der Konservativen zu stabilisieren, bewirkte dieser Putsch jedoch das Gegenteil. Er löste einen Bürgerkrieg aus, in dem sich eine politisch breit gefächerte Widerstandsbewegung gegen das Regime auflehnte. Nachdem dieses Regime empfindliche militärische Niederlagen erlitten hatte und ihm auch die US-amerikanische Unterstützung aufgekündigt worden war, sah sich Huerta im August 1914 zum Rücktritt gezwungen.

Je nach Region nahmen die Widerstandsbewegungen gegen Huerta andere Formen an und stützten sich auf unterschiedliche soziale Schichten. Während im nördlichen Sonora der Widerstand von lokalen Eliten unter Führung von Álvaro Obregón ausging, war es im nördlichen Grenzstaat Chihuahua eine heterogene Bewegung, die von populären Schichten getragen wurde, deren Radikalität aber auch immer wieder von den Militärführern gebremst wurde. Führer und Ikone dieser Fraktion war Francisco »Pancho« Villa. Am radikalsten war die zapatistische Bewegung im südlichen Morelos mit einer klaren »agrarrevolutionären Ausrichtung« und einer starken »Verwurzelung der Bauern-Soldaten in ihrer Heimatregion«.[289] Dort kam es zu einer radikalen Transformation der Eigentumsverhältnisse, als sich die Dorfgemeinschaften das Land der Großgrundbesitzer aneigneten. Landesweiter Höhepunkt des Revolutionsverlaufs war die Besetzung der Hauptstadt im Dezember 1914 durch Villas und Zapatas Truppen. Beide Revolutionsführer betraten den Regierungspalast, Villa setzte sich auf den Präsidentenstuhl und ließ, von Zapata flankiert, diesen Moment in einer berühmten Fotografie festhalten. Kurz darauf verließen sie die Hauptstadt aber wieder.

Zu diesem Zeitpunkt wurden die Gräben zwischen den verschiedenen Widerstandsfraktionen immer sichtbarer und die Allianz brach schließlich zusammen. So standen sich bis 1916 der radikale, »konventionistische« Flügel von Villa und Zapata und die »konstitutionalistische« Fraktion, angeführt von den beiden späteren Präsidenten Carranza und Obregón, gegenüber. Im Schatten dieser bürgerkriegerischen Auseinandersetzungen, die zunächst vor allem im Norden ausgefochten wurden und im radikalen Lager vor allem die villistischen Kräfte banden, »verwirklichten die Zapatisten in Morelos ihre eigene Revolution«.[290] Dieses Experiment, von dem El Chorro in Victor Serges Roman schwärmt, wird von Adolfo Gilly als »Kommune von Morelos« bezeichnet. »In ihrer Heimatregion bildeten die Zapatisten eine egalitäre Gesellschaft mit gemeinschaftlichen Wurzeln.«[291]

Dabei stützten sich die Zapatisten auf die Selbstaktivität der Bauerndörfer Morelos', die zu zentralen Akteuren dieser »Revolution in der Revolution« wurden. Denn im Unterschied zu anderen Regionen Mexikos lebte hier noch ein Großteil der Agrarbevölkerung in freien Dörfern und unterstand nicht der Kontrolle von Hazienda-Besitzern. Die seit Jahren andauernden Besitzstreitigkeiten mit Großgrundbesitzern schürte in diesen Dorfgemeinschaften eine Kampfbereitschaft, die die zapatistische Führung mit ihrer radikalen Politik der Agrarreform auszunutzen wusste.[292]

Bereits 1911 verfasste der Dorflehrer Otilio Montaño den »Plan von Ayala«, der die allgemeine Stoßrichtung der zapatistischen Agrarreform vorgab. Darin wurde das Ziel einer Wiederaneignung des privatisierten Landes, der Wälder und Gewässer festgehalten. Zunächst hatte dieser Plan einen weitgehend restaurativen Charakter und sah sogar eine Entschädigung für die Enteignung der Großgrundbesitzer vor. Doch während des Bürgerkriegs ab 1914 radikalisierten sich die Forderungen. Das Entschädigungsprinzip wurde aufgegeben sowie die Verstaatlichung des Eigentums von »Feinden der Revolution« und seine Umverteilung an Witwen und Waisen gefallener Revolutionäre angestrebt. Mitverantwortlich für diese Radikalisierung waren städtische Intellektuelle, die sich dem Widerstand in Morelos angeschlossen hatten und die lokale politische Kultur mit sozialrevolutionärem Gedankengut anreicherten. So wurde der von Tolstoi und Kropotkin inspirierte Mitgründer der anarchosyndikalistischen Gewerkschaft Casa del Obrero Mundial (COM), Antonio Díaz Soto y Gama, im Mai 1915 Sekretär der zapatistischen Armee.

Eine Eigentümlichkeit dieses »agrarischen Sozialismus« war, dass die zapatistische Armee die Selbstbestimmung der Dorfgemeinschaften zu wahren und unterstützen versuchte. In einem an den Plan von Ayala angelehnten »Agrarplan« schrieben die Zapatisten 1915 im ersten Artikel: »Gemeinschaften und Individuen, deren Felder, Wälder und Gewässer enteignet wurden, dürfen diese wiederbekommen [...].« Artikel 3 ging noch einen Schritt weiter und postulierte die selbstbestimmte Nutzung des Bodens und der natürlichen Ressourcen durch die Dorfgemeinschaften: »Die Nation erkennt die historischen Rechte der Dörfer, Weiler und Gemeinschaften der Republik an, das in ihrem gemeinschaftlichen Besitz stehende Land so zu besitzen und verwalten, wie sie es für zweckmäßig erachten.«[293] Die zapatistische Agrarreform beruhte auf keiner Umverteilung des Landes an bäuerliche Privateigentümer, sondern setzte auf althergebrachte kollektive Eigentumsformen. Spontan eingesetzte Agrarkommissionen aus lokal angesehenen Bürgern hatten die Aufgabe, diese Aneignung zu überwachen. Zapatas Delegierte schritten nur dann als Schlichter ein, wenn es zwischen Dörfern zu unlösbaren Differenzen kam. Jedem Dorf wurde das Recht zugesprochen, die eigenen Leitungsgremien zu wählen sowie die Delegierten für Gerichte und Polizeikräfte selbstständig zu ernennen. Außerdem wurden die Zuckermühlen verstaatlicht und von zapatistischen Generälen verwaltet.

Deshalb fand im Unterschied zu den revolutionären Kräften im Norden keine politische Verselbstständigung der Armee statt. Die Zapatisten blieben eng mit den lokalen Dorfgemeinschaften verbunden. Illustrieren lässt sich dies etwa damit, dass Zapata sein Hauptquartier nicht in der lokalen Hauptstadt aufschlug, sondern von einer Reismühle im Dorf Tlaltizapán aus den Aufstand koordinierte. Selbst die städtischen Generäle und Sekretäre der zapatistischen Armee trugen die für morelensische Bauern übliche Arbeitskleidung.

Dieses radikale Modell, das sich auf traditionelle Formen der Vergesellschaftung stützte, konnte jedoch gegenüber den konstitutionalistischen Kräften nicht bestehen. Mit der Ermordung Zapatas im April 1919 wurde auch ihm der Todesstoß versetzt.

Trotz des Siegs des gemäßigten konstitutionalistischen Flügels beeinflussten die radikalen Strömungen die neue politische Ordnung, wie sie in der Verfassung von Januar 1917 kodifiziert wurde – die »zweifellos weltweit fortschrittlichste« zu jener Zeit, wie Gilly festhält. Artikel 123 der mexikanischen Verfassung sah etwa den Achtstundentag, das Verbot von Nachtarbeit und von gefährlichen Arbeiten für Minderjährige und Frauen, gleichen Lohn für gleiche Arbeit ohne Unterscheidung nach Geschlecht oder Herkunft sowie Hygiene- und Sicherheitsbestimmungen vor. Ein weiterer Artikel, der die Spur der radikalen und sozialrevolutionären Strömungen der Revolution trug, war Artikel 27, in dem es hieß: »Die Ländereien und Gewässer innerhalb von Mexikos Grenzen gehören der Nation, die das Recht besitzt, diese Besitztümer den Individuen in Form von Privateigentum zu übergeben.« Auch wenn das Privateigentum anerkannt wurde, setzte die Verfassung diesem Grundprinzip der liberalen und kapitalistischen Ordnung gewisse Grenzen. »Die Nation«, wurde festgehalten, »besitzt immer das Recht, dem Privateigentum Nutzformen aufzuzwingen, die im Sinne des öffentlichen Interesses sind.«[294] Jedes Privateigentum war einem übergeordneten öffentlichen Interesse untergeordnet – zumindest auf dem Papier. Artikel 27, so die Umwelthistorikerin Myrna Santiago, brach somit mit der Vorstellung von der Natur als reine Ware, die frei gehandelt werden kann.[295] In diesem Sinne wurden auch das »unveräußerliche« nationale Eigentum an Gewässern und Mineralien im Untergrund festgeschrieben sowie gemeinschaftliche Besitzformen verfassungsrechtlich anerkannt. Gestützt auf diesen Artikel begannen Indigene und Bauern, ihre *Ejidos* zurückzufordern. Diese Rechtsstreitigkeiten dauerten häufig Jahre und wurden nur selten zugunsten der Landlosen entschieden. In diesem Sinne blieb die Verfassung für viele ein toter Buchstabe.

Hingegen entwickelten sich im Bereich der Ölindustrie die Grundsätze von Artikel 27 zu einer zentralen politischen Auseinandersetzung mit internationaler Ausstrahlung. Schon 1915 anerkannte ein Dekret, dass die Ölförderung den Gewässern und der Landwirtschaft schade. Öl wurde zu einem nationalen Gut erklärt, das es vernünftig und »nachhaltig« auszuschöpfen gelte. Versuche, die Ölförderung zu regulieren oder Sicherheits- und Hygienebestimmungen am Arbeitsplatz einzuführen, scheiterten aber meist unter dem massiven Druck der internationalen, vor allem US-amerikanischen Erdölfirmen. Erst nach vielen Rückschlägen und nicht zuletzt dank einer starken und kämpferischen Arbeiter*innenbewegung wurde die Ölindustrie unter Präsident Lázaro Cárdenas 1938 verstaatlicht.[296]

Land und Freiheit

Im Februar 1918 schrieb Zapata einen langen Brief an den in Havanna lebenden Zapatisten Jenaro Amezcua. Er wünschte sich, »die Völker Amerikas und alle Nationen des alten Europas« würden erkennen, dass in Russland und Mexiko für die universelle Emanzipation aller Menschen gekämpft werde. Mit Verweis auf Tolstoi hob er die gemeinsame Ursache beider Revolutionen hervor: die Enteignung des Bodens durch einige Wenige. Und er schrieb: »Denn das Land, das wie auch das Wasser und die Luft allen gehört, wurde durch einige wenige Eigentümer monopolisiert, die durch mächtige Armeen und ungerechte Gesetze gestützt werden.«[297]

Trotzdem blieb die mexikanische Revolution weitgehend außerhalb des Radars des eurozentristischen Marxismus. Als 1918 die kommunistische Partei Mexikos gegründet wurde, war dies Anlass für kommunistische Intellektuelle und Historiker*innen, die erste Phase der Revolution einer »vormodernen«, »rückständigen« oder »primitiven« Ideologie zuzuschreiben, die »bäuerlich«, »anarchistisch« »unwissenschaftlich« oder »traditionell« gewesen sei. Zwischen der angeblich rückwärtsgewandten Verteidigung von traditionellen Nutzrechten und Eigentumsverhältnissen und dem zukunftsorientierten kommunistischen Gesellschaftsentwurf wurde eine politische Kluft aufgetan, die mit den eurozentristischen Versionen des Marxismus nicht zu überbrücken war. Heute müssen wir aber das, was als eklektisch, heterodox, inkohärent, traditionell, rural, unwissenschaftlich, indigen, nicht-europäisch und peripher gilt, ins Zentrum des kritischen und antikapitalistischen Denkens stellen. Eine Kombination von Anarchismus, Sozialismus, agrarischem Kommunismus und indigenem Kommunalismus wird auf diese Weise denkbar.[298]

Der Literaturwissenschaftler Bruno Bosteels sieht in der Kommune einen Begriff, mit dem sich verschiedene Stränge der mexikanischen Geschichte verweben lassen, ohne einen klaren Schnitt zwischen »vormodernem« und »modernem«, »primitivem Utopismus« und »wissenschaftlichem Sozialismus« zu machen. Schon im Frühjahr 1871 wurde in allen Zeitungen Mexikos ausführlich über die Ereignisse in Paris berichtet.[299] Drei Jahre später gründeten mexikanische Arbeitende eine Zeitschrift mit dem Namen *La Comuna*, welche sich explizit auf die Pariser Kommune bezog, jedoch auch die Aktualität und Universalität dieser alternativen Form der Vergesellschaftung hervorhob und sie für die mexikanische Realität fruchtbar zu machen versuchte. Der aus Griechenland stammende Sozialist

Plotino Rhodakanaty sah bereits ab den 1860er Jahren in den indigenen Gemeinschaften Keimzellen von genossenschaftlichen Zusammenschlüssen, wie er sie von Proudhon sowie anderen »utopischen Sozialisten« als Grundlage des Sozialismus während seiner Zeit in Europa kennengelernt hatte.[300] Ein späterer Schüler Rhodakanatys war kein Geringerer als Otilio Montaño, der Verfasser der ersten Version des Plans von Ayala.

Wohl der prägendste Versuch der ersten Jahrzehnte des 20. Jahrhunderts, den europäischen Sozialismus und Anarchismus mit lokalen, bäuerlichen und indigenen Elementen zu verbinden, stammte vom Anarchisten Ricardo Flores Magón (1873–1922). Dank diesem Begründer des »Magonismo« wurden wichtige anarchistische Stränge in die mexikanische Revolution eingewoben.[301] Als Sohn eines Zapoteken und einer Mestizin wurde Flores Magón 1874 im südlichen Bundesstaat Oaxaca geboren. Schon als Student schloss er sich dem liberalen Widerstand gegen das porfiristische Regime an. 1900 trat er gemeinsam mit seinem Bruder Enrique der neu gegründeten Partido Liberal Mexicano (PLM) bei und entwickelte sich bald zur führenden Figur dieser radikalen Partei mit immer deutlicheren anarchistischen Forderungen und Strategien.[302] »Land und Freiheit« wurde zum strahlkräftigsten Slogan der PLM und des Magonismo. Die PLM war eine mehrsprachige, transnational vernetzte Organisation, in der auch Frauen sowie Indigene aktiv waren.

Schon früh las und übersetzte Flores Magón Kropotkins *Eroberung des Brotes*. Kropotkins Definition der Kommune als »Gattungsname« und als »ein sinnverwandter Ausdruck für eine Gruppierung von Gleichen, die weder Grenzen noch Mauern kennen«[303], gab ihm das begriffliche und theoretische Rüstzeug, um die aus Europa stammende anarchistische Doktrin mit lokalen Elementen anzureichern. Eine weitgehend imaginierte und idealisierte indigene Gemeinschaft wurde für ihn zur Präfiguration von kommunistischen Formen des Zusammenlebens. Den mexikanischen Massen von Landlosen, Peonen und Indigenen musste kein »wissenschaftlicher Sozialismus« eingetrichtert werden. Der Kapitalismus mit seinen Agrarverhältnissen, den Eisenbahnen, modernen Staaten und Industrien hatte nichts Fortschrittliches und erzog die Massen nicht zum Kommunismus. Im Gegenteil: Schon vor der vollständigen »Modernisierung« war das rurale Mexiko »zum Kommunismus fähig«, wie er in einem viel beachteten Artikel von 1911 festhielt. Bis vor wenigen Jahrzehnten, so Flores Magón, habe es Millionen von Indigenen gegeben, die in Gemeinschaften lebten, wo die Böden, Gewässer und Wälder kollektiv verwaltet wurden. Die »Gegenseitige Hilfe« – auch ein den Schriften Kropotkins entlehnter Begriff – sei dort die Regel gewesen; es gab weder Richter, Bürgermeister noch Gefängnisse.[304]

Was die großen Ereignisse der mexikanischen Revolution ab 1910 betrifft, blieb der Einfluss der PLM eher gering. Schon 1904 musste die Leitung der Partei in die Vereinigten Staaten flüchten, wo sie ihre Zeitschrift *Regeneración* herausgab und intensiv mit Aktivist*innen der anarchosyndikalistischen Gewerkschaft *Industrial Workers of the World* (IWW) zusammenarbeitete. Einer permanenten staatlichen Verfolgung ausgesetzt und durch Gerichtsprozesse und Gefängnisaufenthalte immer wieder dezimiert, wurden die Aktivist*innen der PLM beständig an der Agitation gehindert. Ricardo Flores Magón selbst verbrachte zahlreiche Jahre seines Lebens in Haft und starb schließlich 1922 in einem Gefängnis in Kansas. Den geringen politischen Einfluss zu bestätigen scheint der gescheiterte Aufstand in Baja California von 1911, wo die Magonistas gemeinsam mit Anarchisten aus der ganzen Welt und mit aufständischen Indigenen erfolglos eine revolutionäre Kommune auszurufen versuchten. Mit ihrem prägenden Einfluss auf die aufständische Arbeiterkultur seit Anfang des Jahrhunderts sowie dank personeller Verbindungen lassen sich jedoch wichtige indirekte Einflüsse auf die mexikanische Revolution feststellen. Viele Magonistas schlossen sich nach Ausbruch der mexikanischen Revolution unterschiedlichen Bürgerkriegsparteien an. Ein früheres Mitglied der PLM wurde enger Berater Zapatas, ein anderer redigierte Artikel 123 der Verfassung.[305] Doch was bedeutete es eigentlich, Anarchist*in zu sein in einem Land, in dem andere politische Kulturen existierten?

Revolution gegen *Gott und der Staat*

Im Magonismo scheint sich die These zu bestätigen, dass der Anarchismus verglichen mit anderen aus Europa stammenden sozialistischen Ansätzen am besten gerüstet war, um in kolonialen oder postkolonialen Kontexten Fuß zu fassen. Dies ist zumindest die These des einflussreichen Historikers Benedict Anderson.[306] Wie die nach Ausbruch der mexikanischen Revolution geführten Debatten innerhalb der globalen anarchistischen Bewegung zeigen, trifft dies in dieser Allgemeinheit aber nicht zu.

So richtete die Führung der PLM im Juni 1914 einen Aufruf an ihre anarchistischen Genoss*innen, die in Paris bei einem internationalen anarchistischen Kongress zusammentreffen sollten. Darin wurden sie dazu aufgefordert, folgende Frage zu diskutieren:

»Wir wollen ganz ernsthaft eure Meinung. Wir sind überzeugt, dass ihr irgendeine Meinung haben werdet, denn diese Revolution wird seit Jahren durchgeführt und gegenwärtig ist sie eine breit diskutierte Angelegenheit. Sollten einige eurer Mitglieder immer noch nichts über die wichtigsten Eigenschaften dieser Revolution wissen, können wir nichts anderes über sie denken, als dass sie auf dem Internationalen Anarchistischen Kongress fehl am Platz sind.

[…] Was wir von euch verlangen, ist eine konzise, klare Erklärung, die besagt, dass der mexikanische Peon im Recht ist, wenn er behauptet, dass die wirtschaftliche Freiheit nur erkämpft werden kann, wenn der Landbesitz zurückgewonnen wird, dass er richtig liegt, wenn er die Besitzenden vertreibt; dass ihr die Verdammten aller Länder dazu aufruft, es ihm gleich zu tun.«[307]

Diesem Aufruf gingen bereits hitzige Diskussionen voraus, in denen Anarchist*innen zahlreicher Länder über den Charakter und die Potenziale der mexikanischen Revolution debattierten. In der französischsprachigen anarchistischen Presse etwa wurde schon kurz nach Ausbruch der Revolution an der Radikalität der PLM gezweifelt, das Adjektiv »liberal« im Parteinamen ließ einige Zweifel aufkommen. Vor allem aber die »Fähigkeit zum Kommunismus« der indigenen oder bäuerlichen Mestizo-Bevölkerung stand zur Debatte. Ein Autor namens Humblot, der vorgab, »lange Zeit unter den Zapatisten gelebt zu haben«, meinte feststellen zu können, dass es ihnen an Bildung mangele und die »Indios Mexikos der Evolution der europäischen Völker folgen müssen«, bis sie zu den wirklichen Anarchisten gezählt werden können.[308] Ein anderer stellte die rhetorische Frage, wie eine in religiösem Aberglauben und gesellschaftlicher Rückständigkeit lebende Bevölkerung »ernsthaft an den Kommunismus denken« könne.[309] Es bedurfte einer schriftlichen Intervention Kropotkins, um die Wichtigkeit des revolutionären Ereignisses herauszustreichen und daran zu erinnern, dass sich abstrakte anarchistische Theorien nicht einfach auf konkrete gesellschaftliche Dynamiken aufstülpen lassen.[310]

Ähnliche Debatten gab es in Argentinien. Der bedeutende argentinische Anarchist Eduardo Gilimón kritisierte den *Indigenismo* gewisser libertärer Genossen und sprach von einem »analphabetischen«, »vom Alkohol korrodierten«, »abergläubischen« und »fanatischen« Mexiko. Für ihn konnte die mexikanische Revolution nicht anarchistisch sein, solange sie nicht »von Anarchisten gemacht wird«.[311] Dem entgegnete Quiroule, dass Mexiko der geeignetste Ort ist, um den Anarchismus zu verbreiten. Doch auch er hielt es für möglich, dass es sich bei den Mexikaner*innen um ein »dekadentes Volk« handeln könnte mit Indigenen, die sich vom Erstbesten anführen lassen. Darin sah er aber auch die Chance, dass sich der Anarchismus »manu militari« mithilfe einer aufgeklärten Minderheit durchsetzen lassen könnte.[312] Weitaus enthusiastischer war der irische Arzt und Freund Quiroules, John Creaghe, der nach Nordamerika reiste, um die mexikanischen Ereignisse aus der Nähe beobachten zu können. In einem Aufruf an seine argentinischen und uruguayischen Genoss*innen hielt er fest, dass Mexiko an der »Spitze der ökonomischen und landwirtschaftlichen Revolution« stünde.[313] Drei Jahre später erinnerte er, dass die indigene Bevölkerung Mexikos einen »natürlichen Instinkt zum Kommunismus« besitze. Diese indigene Form des

Kommunismus bilde, so Creaghe, einen guten Ausgangspunkt für den Aufbau einer kommunalistischen und libertären Gesellschaft.[314]

Die überzeugteste politische und intellektuelle Unterstützung erhielt der radikale Flügel der mexikanischen Revolution durch die US-amerikanischen Anarchist*innen rund um Emma Goldmans Zeitschrift *Mother Earth.* Autor*innen wie William Owen, Voltarine de Cleyre oder Lucy Parsons – letztere nach eigenen, wahrscheinlich unwahren Angaben selbst Nachkomme von Indigenen – sprachen sich offen für die sozialen Kämpfe im südlichen Nachbarstaat aus und hoben die progressive und emanzipatorische Dimension der ruralen und indigenen Kämpfe für »Land und Freiheit« hervor.[315]

Was hier auf dem Spiel stand, war die Bereitschaft des Anarchismus, andere Formen des Zusammenlebens ernst zu nehmen, ihnen auf Augenhöhe zu begegnen, ohne sie in die »Primitivität« oder »Vormoderne« zu versetzen. Es ging um eine – zumindest intellektuelle – Auseinandersetzung mit anderen Welten. Hier entschied sich die Fähigkeit des Anarchismus, sich selbst zu dekolonialisieren. Während einige Anarchist*innen von ihren abstrakten Theorien abzuweichen nicht bereit waren, vermochten andere zu erkennen, dass Revolutionen »weder Blaupause noch Kopie« der europäischen Theoriegebäude sein konnten, wie es der peruanische Marxist José Carlos Mariátegui etwas später ausdrückte. Wenn Antonio Gramsci provokant feststellte, dass die Russische Revolution eine Revolution gegen *Das Kapital* von Marx war, weil sie den Erwartungen des »wissenschaftlichen Sozialismus« der Zweiten Internationale zuwiderlief, so musste Flores Magón seine Genoss*innen daran erinnern, dass die sozialrevolutionären Aufstände in Mexiko auch gewissermaßen eine Revolution gegen Bakunins *Gott und der Staat* waren. Mit anderen Worten: Das anarchistische Prinzip der Autonomie und der freien Föderation unterschiedlicher Kollektive wurde einer plurikulturellen Prüfung unterzogen. Es stellte sich die Frage, ob diese aus Europa stammende Theorie und Praxis horizontale und ebenbürtige Allianzen mit dem Indigenen, Nicht-Europäischen, Ländlichen und Peripheren eingehen konnte; ob sie also erkennen konnte, dass emanzipatorische Politik auch dort stattfinden kann, wo die Akteur*innen noch nie über den Schriften Bakunins oder Kropotkins gebrütet haben.

Dass der Anarchismus des globalen Nordens als Gesamtheit diese Prüfung bestanden hätte, trifft nicht zu. Der Anarchismus war nicht per se in der Lage, andere Lebensrealitäten und Kosmologien ernst zu nehmen. In den ungläubigen Sätzen der europäischen Anarchist*innen, die sich keine Revolution im fernen Mexiko vorstellen konnten, in den offen rassistischen Stereotypen, den stammelnden und inkohärenten Sätzen derjenigen, die ihre Annahmen nicht im Schritt der historischen Ereignisse überdenken konnten, aber auch in den Ermahnungen anderer an die Fähigkeit aller Menschen zu solidarischen Beziehungen sowie im Freudenschrei über den angeblichen Fund einer ebenso stereotypen urkommunistischen Gesellschaft – in der Diversität dieser Antworten spielte sich eine intellektuelle und politische Begegnung ab, deren Ausgang niemals im Voraus entschieden sein konnte, weil politische Begegnungen immer auf die Fähigkeit aller Seiten setzen müssen, sich überraschen lassen zu können.

Andere Kalender und Geografien

Im Jahr 1992 modifizierte die mexikanische Regierung Artikel 27 der Verfassung von 1917. Der Verkauf der *Ejidos* wurde nunmehr explizit erlaubt. Noch im selben Jahr unterzeichnete der autoritäre und neoliberale Präsident Carlos Salinas das nordamerikanische Freihandelsabkommen NAFTA, das im Januar 1994 in Kraft trat. Der Sieg des neoliberalen Kapitalismus, der »freien Marktwirtschaft« und der »liberalen Demokratie« schien besiegelt.

Dem Freudentanz neoliberaler Intellektueller und Gegenreformer zum Trotz ist die Geschichte aber hier nicht zu Ende. Unter dem brüchigen Lack der »Strukturreformen«, der warenförmigen Globalisierung und unter den geglätteten Wogen der besten aller möglicher Welten drängten schon bald andere Zeiten und Räume hervor. »Unverdaute Vergangenheiten« kamen ans Licht,[316] indem nicht nur in Mexiko, sondern im gesamten

Lateinamerika Afros/Afras, Indigene, Feminist*innen, Landlose, Obdachlose usw. für Anerkennung, Würde und Autonomie einstanden und immer noch einstehen. Der Neozapatismus ist eine dieser Bewegungen: Eine Revolte gegen das Vergessen und dafür, dass andere Kalender und Geografien sichtbar werden.

Der neozapatistische Aufstand vom 1. Januar 1994 im südmexikanischen Chiapas griff nicht nur symbolisch auf die zapatistische Bewegung Anfang des 20. Jahrhunderts zurück.[317] Er ist auch Ausdruck einer untergründigen Tradition, die sich während Jahrzehnten in den ländlichen und indigenen Gemeinschaften gehalten hat.[318] So ist der Neozapatismus das Resultat einer unwahrscheinlichen Begegnung und einer heterodoxen Vermischung verschiedener politischer Traditionen wie der Befreiungstheologie, der marxistischen Theorie und vor allem einer indigenen Widerstandskultur.[319] Wie auch für die zapatistische Kommune von Morelos waren der Aufstand, die Enteignung der Großgrundbesitzenden und die militärische Selbstverteidigung Voraussetzungen für die kollektive und demokratische Selbstregierung.

Konkret besteht das neozapatistische Projekt aus drei Aspekten. Im Herzen des Projekts stehen die zivilen Basisorganisationen, auf denen die autonome Selbstverwaltung der indigenen Völker Chiapas basiert. In zahlreichen autonomen und selbstverwalteten Kommunen sind die politischen Entscheidungsträger*innen jederzeit abwählbar, beziehen für ihre Arbeit weder eine Vergütung noch erhalten sie irgendwelche Privilegien. Diese autonomen Kommunen sind seit 2003 in fünf Koordinationsinstanzen zusammengeschlossen, die sogenannten *Juntas de Buen Gobierno.* Insgesamt verwalten diese *Juntas* ein Gebiet so groß wie Belgien mit zehntausenden indigenen Mayas. Die Delegierten der *Juntas* werden nur für kurze Zeiträume von 10 bis 15 Tagen ernannt. Diese Gremien verteilen die beschränkten finanziellen Mittel und koordinieren die Arbeit in den Bereichen Gesundheit, Bildung und Produktion. Zweitens besteht das neozapatistische Selbstverwaltungsprojekt aus der militärischen Organisation der Zapatistischen Armee der Nationalen Befreiung (EZLN), die sich jedoch politisch aus den Selbstverwaltungsorganen heraushält. Schließlich ist der Neozapatismus aber auch eine breite soziale Bewegung, welche aus einem nationalen wie internationalen Netzwerk von solidarischen Aktivist*innen und weiteren Selbstverwaltungsprojekten besteht.

Der Neozapatismus teilt viele Eigenschaften mit anderen populären Bewegungen Lateinamerikas: Der Kampf für Autonomie, Würde und Basisdemokratie; der Widerstand gegen die (neo)koloniale und kapitalistische Landnahme sowie gegen die Zerstörung von Natur und menschlichen Gemeinschaften; eine andere Art, das Zusammenleben und die gesellschaftliche Reproduktion jenseits des Marktes zu organisieren; die Aufwertung von Kulturen und Identitäten, die in der nationalstaatlichen Erzählung keinen Platz haben; der Protagonismus von Jungen, Frauen und People of Colour.[320] In einer Epoche, in der das Scheitern des Chavismus in Venezuela und anderen sogenannten »progressiven« Regierungen Lateinamerikas kompromisslos bilanziert werden muss, bietet das nun seit gut einem Vierteljahrhundert bestehende neozapatistische Experiment interessante Anhaltspunkte, um über eine ökologische und antikapitalistische Alternative nachzudenken.[321]

Vor allem aber entwickelte der Neozapatismus eine neue politische Kultur, die offen, nicht-sektiererisch und horizontal ist und der die Sorge um doktrinäre Reinheit fremd ist; eine Politik von links unten, die die Ausgangsoffenheit emanzipatorischer Praktiken auszuhalten vermag und den Weg in ein freies, gleiches und solidarisches Zusammenleben im fragenden Voranschreiten erkundet; eine Politik, die die Erinnerung an vergangene Kämpfe – die Bewegung zapatistischer Bäuerinnen und Bauern der 1910er Jahre und andere sozialrevolutionäre Bewegungen Mexikos und der Welt – auch als Fenster in die Zukunft nutzt. Es handelt sich um eine mühsame, aber befreiende Form, Fragmente aus unterschiedlichen Kalendern und Geografien zusammenzusetzen, um dem kommenden Sturm zu trotzen. Aber auch, um die Fähigkeit nicht zu verlieren, anderen Menschen, die »ya basta«, »es reicht«, rufen, zu begegnen und sich von ihnen überraschen zu lassen:

»Als Zapatistas, die wir sind, schaut unsere Erinnerung auch auf das, was kommt. Weist auf Daten und Orte hin. Wenn es keinen geografischen Punkt für dieses Morgen gibt, tragen wir Zweige, Steinchen, Fetzen von Kleidern und Fleisch, Knochen und Ton zusammen, und dann beginnen wir mit der Errichtung einer kleinen Insel, oder besser gesagt, eines Bootes, das wir mitten ins Morgen stellen, dort, wo jetzt nur ein Sturm zu erahnen ist.

Und wenn es keine Stunde, Tag, Woche, Monat, Jahr in dem bekannten Kalender gibt, gut, dann beginnen wir, Bruchteile von Sekunden, gar Minuten zusammenzufügen, und wir kleben sie zusammen für die Risse, die wir in der Mauer der Geschichte öffnen.«[322]

Ein solches Zusammentragen von Bruchstücken aus unterschiedlichen Kalendern und Geografien wurde auch in diesem Buch versucht. Es fortzusetzen wäre Aufgabe einer kollektiven Widerstandspraxis. Vielleicht stellt sich dann irgendwann heraus, dass wir, die wir für eine lebenswerte Zukunft kämpfen, gar nicht von nirgendwo kommen. Sondern eine Geschichte haben. Diese Vergangenheit zu entdecken, könnte nicht einfach nur lehrreich sein. Sie könnte uns auch die Gewissheit geben, dass es immer Menschen gegeben hat, die gegen die Unterdrückung und Herabsetzung des menschlichen und nichtmenschlichen Lebens gekämpft haben. In einer Zeit, in der uns weder Gott, Staat noch Kapital eine lebenswerte Zukunft garantieren können, ist das wohl die einzige Hoffnung, die bleibt.

Schlusswort. Weil man uns die Zukunft klaut

So traurig es klingt, aber solange wir glauben – gibt es keine Hoffnung. Um hoffen zu können, müssen wir mit dem Glauben brechen. Wir müssen die Kämpfe mit den geeigneten Waffen führen, und wir müssen kämpfen, um zu siegen. Hören Sie sich also die Geschichte des Narmada-Tals an. Begreifen Sie. Und, wenn Sie wollen, machen Sie mit. Wer weiß, vielleicht geschieht dann ein Wunder.

Arundhati Roy, 1999

Die in diesem Buch vorgestellten Menschen lebten in einer Zeit des sicher geglaubten Fortschritts. Die Kulturgeschichte beschreibt das 19. Jahrhundert als Zeitalter der Beschleunigung, der kürzer werdenden Transportwege, einer technologischen Eroberung der Welt. Für die Revolutionär*innen war es vor allem auch das vielversprechende Zeitalter der Revolutionen, in denen die Entrechteten den Himmel stürmten. Der Raum der Erfahrungen, auf den eine Generation zurückgreifen konnte, war mit dem Horizont der Erwartungen nicht mehr identisch. Was heute galt, konnte morgen schon wieder überholt sein. Der Begriff des Fortschritts baute eine Brücke zwischen dem Bekannten und dem Kommenden oder Erhofften. Fortschritt war ein Zerrinnen der Zeit mit Sinn und Zweck.

Das 19. Jahrhundert war aber auch das Zeitalter der Geologie sowie der politisch wie wissenschaftlich umstrittenen Gesetze der biologischen Evolution. Während die menschliche Geschichte Fahrt aufnahm, sich von den Rhythmen der Natur zu befreien schien, wurde im Bereich des nicht-menschlichen Lebens eine andere, langsamere, beständigere und kontinuierlichere Zeit entdeckt. Dies war die Zeit der Plattentektonik, der sich vor- und zurückziehenden Gletscher, der Fossile, des Ursprungs der Arten. Auch in diesem Reich der Natur konnte den damaligen Zeitgenoss*innen zufolge Fortschritt beobachtet werden. Dann war dieser Fortschritt aber evolutionär, nur selten revolutionär. Die Natur machte keine Sprünge, wie etwa Darwin festhielt.

Wir tendieren dazu, die revolutionäre Ungeduld der Anarchist*innen, Sozialist*innen und Kommunist*innen des 19. Jahrhunderts mit dem ersten Zeitverständnis in Verbindung zu bringen. Ungeduldig arbeiteten sie mit all ihren Kräften auf eine Zukunft hin, an deren baldigem Kommen sie selten zweifelten. Immer wieder wandten sie sich aber auch den langen Zeiträumen der Geologie und Biologie zu. Denn Natur und ihre Gesetze waren für sie ein hoffnungsvolles Reich, das ihnen in schwierigen Zeiten Trost spendete.

So zog sich der Anarchist Elisée Reclus nach der Pariser Kommune in die Berge zurück. »Ich war traurig, niedergeschlagen, des Lebens überdrüssig«, schrieb er gleich zu Beginn seiner 1880 erschienenen *Geschichte eines Berges*. In seinem Rückzugsort erkundet er seine Umgebung, lernt die Insekten, den »noch nicht unterworfenen Berg« und die Flüsse kennen. Ohne »Zusammenarbeit« mit seinen »Freunden« – dem Hirten, dem »kriechenden Insekt« und dem »singenden Vogel« – hätte er sich dieses Wissen niemals aneignen können: »Hätte ich nicht stundenlang auf dem Gras gelegen und diesen kleinen Wesen, meinen Freunden, zugeschaut und gelauscht, hätte ich wahrscheinlich weniger gut verstanden, wie lebendig diese große Erde ist, die an ihrer Brust alle diese Kleinen trägt und sie, gemeinsam mit uns, ins unergründliche All davonträgt.« Am Ende seiner Entdeckungsreise gewann Reclus die Hoffnung in die Menschen zurück. Denn die Natur lehrte ihn Geduld und den Glauben in die unabänderlichen Naturgesetze, denen auch die Menschen unterworfen sind. Vielleicht langsamer als erhofft, aber dennoch Schritt für Schritt »lernt der Mensch die Sprache der Freiheit«.[323]Auch Louise Michel gewann über das Studium der Natur und ihrer Gesetze Trost und einen unerschütterlichen Glauben in die kommunistische Zukunft:

»Rote Blüten an schönen Sträuchern tropfen von den Zweigen; geschwollene Knospen platzen: Es kommen neue Blätter und neue Blüten. Eine Verwandlung der Natur. [...] So weht die frühe Brise in der Morgenröte der Neuen Welt.«[324]

Für diese Aktivist*innen war das freie und solidarische Leben auch deshalb greifbar, weil es am ehesten den »Gesetzen der Natur« entsprach. Weil Kapitalismus und Staatlichkeit »widernatürlich« waren, stellten sie nur schmerzhafte Umwege in die sicher geglaubte Zukunft dar. »Das Zahnrad des Fortschritts dreht[e] sich schonungslos.«[325] Trotzdem waren sie keine passiven und kalten Beobachter*innen einer Geschichte, die ohne menschliches Zutun voranschreiten sollte. Greifbar war diese Zukunft nämlich auch, weil sich die Zeit der Geschwisterlichkeit und Freiheit dank entschiedenem Handeln immer wieder im Hier und Jetzt einnistete: In den Gewerkschaften und Diskussionszirkeln, den Massendemonstrationen, der Pariser Kommune, den libertären Schulen. Natürlich immer nur in Ansätzen, mit vielen Widersprüchen und deshalb auch immer wieder ernüchternd. Und selbstredend auch immer nur kurzzeitig, unterbrochen und zerstört durch die Repression oder das Gefängnis. Aber sie war da, in Reichweite.

»Sie können wohl alle Blumen abschneiden, aber sie können den Frühling nicht verhindern«, soll der Dichter Pablo Neruda einmal gesagt haben. Das bringt diesen unerschütterlichen Glauben in eine lebenswerte Zukunft, wie er lange Zeit die Linke prägte, auf den Punkt. Mochten die Herrschenden noch so viel an sich reißen. Ihnen gehörte die Zukunft nicht. Es waren die Verdammten und Entrechteten, die sie fest in ihren Händen hielten. Dabei war die Natur eine Alliierte der Subalternen. Nicht nur metaphorisch, weil der Frühling die Lebhaftigkeit und Freude bezeichnete, die in jeder Revolution entfesselt werden. Mit ihren Gesetzen der Kooperation und Spontaneität spielte die Natur den nach Freiheit und Solidarität trachtenden Menschen ganz konkret und materiell in die Hände. Die Natur war das Reich der Güte und des Überflusses; das gab Sicherheit und stimmte optimistisch. Denn die Fähigkeit der Erde, eine freie, solidarische und gleiche Menschheit zu beherbergen, konnte von keiner herrschenden Klasse infrage gestellt werden. Selbst ein scharfsinniger, für die kapitalistische Zerstörungskraft ausgesprochen sensibler Denker wie der anarchistische Sozialökologe Murray Bookchin konnte noch 1991 schreiben, dass Geschichte die Entwicklung des »Vernünftigen« sei, die Entfaltung der im Menschen sitzenden Potenziale zur Freiheit und Solidarität. Unterdrückung, Gewalt, Unfreiheit und Ausbeutung waren für ihn hingegen das »Unvernünftige«, einfache »Unfälle, Fehler und andere Verirrungen« der Geschichte.[326] Dystopien waren nicht Teil der antikapitalistischen Vorstellungswelt.

Damit der Frühling wiederkommt

Dies ist genau der Moment, in den die Umweltkatastrophe hineinbricht und in dem dieses in der Linken vorherrschende Verständnis von Zukunft und menschlichen Handlungsmöglichkeiten radikal infrage gestellt wird. Denn eben dieses Potenzial unserer Erde, ein solidarisches Zusammenleben zu ermöglichen, wird durch die drohende Klima- und Umweltkatastrophe zusehends gefährdet. Mit dem Verlust der uns vertrauten Welt verabschiedet sich auch ein für die Moderne klassisches Zeitverständnis. Die Gewissheit, dass »eine fortschreitende, menschliche Geschichte auf der unhinterfragten Grundlage zyklischer Naturzeit« stattfindet, bröckelt.[327] Natürlich können die 1% den Frühling nicht verhindern. In einem erschreckenden Tempo rotten sie aber Tierarten aus. Wider besseres Wissen lassen sie Wälder roden und abbrennen. Sie versauern die Ozeane, lassen die Polkappen schmelzen, erhitzen das Klima. Im Namen der »Nahrungsmittelsicherheit« vergiften sie Tiere, Pflanzen und unsere Körper. Sie tauschen schützenswerte Naturräume gegen der Vergiftung und Zerstörung freigegebene Ökosysteme; kleben Preisschilder auf Ökosystemdienstleistungen; eignen sich Böden, Gewässer und Gene an; ehren einen Ökonomen (William Nordhaus) mit dem Nobelpreis, weil er ausrechnete, dass es ökonomisch effizient wäre, die Erde auf 3°C zu erhitzen.[328] Mit Nerudas Metapher gesprochen: Schon längst schneiden sie nicht mehr nur einige Blumen ab, sondern heben die globalen Kreisläufe von Tod und Wiedergeburt des Lebens aus den Angeln.

Die Biologin und Umweltaktivistin Rachel Carson schärfte bereits 1962 jene zum Handeln anregende dystopische Vorstellungskraft, die vielen Linken des 19. und 20. Jahrhunderts fehlte. Sie versuchte, dadurch den Sinn für das womöglich bald unwiederbringlich Zerstörte und Verlorene zu schärfen. Doch ihr berühmtes Buch *Der stumme Frühling* trauerte keiner mystischen Natur nach. In ihrem »Zukunftsmärchen« war nicht nur der Frühling verstummt, es fehlten nicht einfach die singenden Vögel und summenden Bienen. Der ästhetische Verlust durch das Verschwinden der Vögel und Insekten war für sie auch eine Bedrohung der Existenzgrundlagen menschlichen Lebens. Mensch und Natur wurden gemeinsam vom »Schatten des Todes« heimgesucht. Unter dem ausbleibenden alljährlichen Wiedererwachen zerriss das gesamte Netz des Lebens, mit all den ökologischen, sozialen, kulturellen, psychologischen und emotionalen Folgen, die für uns Menschen damit einhergehen.[329]

Dieses »Zukunftsmärchen« droht sich immer mehr zu bewahrheiten. Was mit dem verstummten Frühling verloren zu gehen droht, ist der feste Grund, auf dem wir erst Pläne für eine bessere Welt schmieden können. Die Parole der Klimabewegung »Wir sind hier, wir sind laut, weil man uns die Zukunft klaut« ist deshalb sehr treffend gewählt. Uns wird nämlich die Zukunft in einem doppelten Sinn geklaut. Einerseits führte die neoliberale Alternativlosigkeit zum weitgehenden Verschwinden gesellschaftlicher Alternativen. Die Lobsänger*innen des Kapitalismus rechtfertigen nicht nur Unterdrückung und Umweltzerstörung. Indem sie die Widerstände und uneingelösten Versprechen auf eine andere Welt aus der Erinnerung tilgen, beeinflussen sie auch das, was denkbar oder begehrbar ist. Dies ist ein Diebstahl unserer politischen Vorstellungskraft.

Andererseits könnten Klimakatastrophe und Umweltzerstörung zu einer Barbarisierung unseres Zusammenlebens führen und die Gestaltungsmöglichkeiten der kommenden Generationen radikal einschränken. Dieser Diebstahl hingegen ist ganz materiell.

Strategisch gesehen waren deshalb menschliche Befreiung und Befreiung der Erde vom Kapitalismus noch nie so eng verknüpft wie heute. Ohne einen Bruch mit der Logik der Kapitalakkumulation könnte unsere Lebensgrundlage derart zerstört werden, dass ein Leben für alle nach den Prinzipien von Freiheit, Gleichheit, Solidarität und Selbstbestimmung schwer umsetzbar wird. Der Kampf für einen farbenfrohen, geräuschvollen und üppigen Frühling ist auch ein Kampf dafür, dass künftige Generationen überhaupt die Möglichkeit haben werden, ihr Leben an freiheitlichen und solidarischen Regeln auszurichten. Die ökologische Frage determiniert deshalb alle anderen sozialen Auseinandersetzungen. Nicht weil Umweltschutz politisch oder ethisch wichtiger wäre als Fragen sozialer Gerechtigkeit und Anerkennung. Sondern schlichtweg deshalb, weil ohne intakte Ökosysteme an die universellen Existenz- und Selbstbestimmungsrechte von etwa FINTA-Menschen, People of Colour oder Geflüchteten schwer zu denken ist. Um es mit den Worten der von Levenstein befragten Arbeiter zu sagen: Wenn wir wollen, dass unter den Baumwipfeln einmal ein glückliches Geschlecht wandeln soll, müssen neben den Menschen auch die Wälder von den Herrschenden und Mächtigen befreit werden.

Die Zukunft zurückgewinnen

Anders als die Anarchist*innen des 19. und frühen 20. Jahrhunderts leben wir heute in einer Zeit der fehlenden Gewissheiten. Die »Geschichte«, der »Fortschritt« oder die »Naturgesetze« servieren uns die Emanzipation nicht mehr auf dem Silbertablett. Selten in der Geschichte der letzten zweihundert Jahre war die Zukunft emanzipatorischer Werte derart ungewiss. Die Mächtigen und Reichen werden diese Prinzipien vor ihrem drohenden Verfall nicht retten. Deren Verteidigung und Ausweitung hängt von der Selbstbetätigung und Selbstermächtigung der 99% ab.

Diese fehlende Gewissheit darf aber keineswegs zu Zynismus oder zur Akzeptanz des kleineren Übels führen. Sondern einfach nur zu der Erkenntnis, dass wir endgültig in einer Zeit der profanen Politik leben, in der nur das kollektive menschliche Handeln eine bessere Zukunft garantiert. Es rettet uns kein höh'res Wesen – kein Gott, kein Kaiser noch Tribun; weder Staat noch Kapital. Um wieder hoffen zu können, müssen wir den Glauben an die Wohltaten des Marktes und die baldige Einsicht der Mächtigen ablegen. Und wir dürfen auch nicht auf einen reibungslos und automatisch sich durchsetzenden »Wandel der Mentalitäten« setzen, wie das einige Ökolog*innen prophezeien. Denn nichts und niemand garantiert uns eine lebenswerte Zukunft, sofern wir nicht handeln.

»Diese Notizen sind hart und die Lesenden mögen sie ändern wollen. Ich fordere sie dazu auf, auch zu handeln.«[330] So beendete der Historiker E.P. Thompson 1980 einen Aufsatz über nukleare Aufrüstung und die drohende Auslöschung der Menschheit. Mit einem Aufruf zum Handeln soll auch dieses Buch enden. Alles, was in diesen hoffnungsarmen Zeiten bleibt, ist, gemeinsam die kollektiven und demokratischen Gestaltungsmöglichkeiten über unser Zusammenleben zurückzugewinnen. Eine solche Zukunft zu erobern, bedeutet, wie gesagt, auch, für ökologische Bedingungen zu kämpfen, unter denen ein glückliches und solidarisches Leben erst möglich wird. Aber politisches Handeln ist nicht nur an einem Zweck ausgerichtet. Emanzipation ist nicht nur der Preis, den man am Ende eines siegreichen Kampfes für Freiheit und Gerechtigkeit einheimst. Emanzipation ist das, auf was wir bereits kostbare Blicke erhaschen können, wenn wir uns zusammenfinden, um zu kämpfen. Gemeinsam zu handeln und zu kämpfen heißt deshalb auch, den Geschmack am Beisammensein wiederzufinden – Momente zu suchen, in denen wir wieder über unsere Körper, unsere Leben und Beziehungen verfügen können, in denen eine andere Welt schon jetzt fühlbar und denkbar wird.

Emanzipation ist kein Endzustand. Sie existiert immer nur als Anfang; als Suche nach einem Moment, von dem aus die Beziehungen zwischen Zeiten, Räumen und Wesen anders gestaltet werden können. Zu kämpfen beginnen heißt auch, durch Kämpfe zu beginnen.

Danksagung

Vielen Dank

an jene, die mich großgezogen haben, und an jene, die sich um mich sorgen,

an jene, die politisch aktiv sind und mich immer wieder vom Kopf auf die Füße stellen,

an jene, die diesen Text kritisch gelesen haben und mit mir nachdenken und schreiben,

an jene, die zwischen all diesen Zeilen und Buchstaben steckt und sie zusammenhält.

Anmerkungen

Vorwort

1 Die Besetzung wurde am 30. März 2021 polizeilich geräumt.

2 Greenpeace Schweiz: Holcim-Report. Eine Skandal-Recherche von Greenpeace Schweiz, Oktober 2020, online: https://www.greenpeace.ch/static/planet4-switzerland-stateless/ 2020/11/6171a8d5der-holcimreport_greenpeaceschweiz_4nov2020.pdf, Stand: 14.01.2021.

3 Biswas, Chanchal; Zucker, Alain: Stephan Schmidheiny: »Weniger Fleisch essen bringt viel mehr als Flugscham«, in: NZZ, 28.12.2019, online: https://nzzas.nzz.ch/wirtschaft/stephan-schmidheiny-1992-war-die-zeit-noch-nicht-reif-fuer-greta-ld.1530937, Stand: 14.01.2021.

4 OLCA, AVINA y los mapuches chilenos: el saqueo continúa, 25.05.2014, online: http://olca.cl/articulo/nota.php?id=104447, Stand: 14.01.2021.

5 IPBES: IPBES Workshop on Biodiversity and Pandemics. Executive Summary, 2020, online: https://ipbes.net/sites/default/files/2020-11/201104_IPBES_Workshop_on_Diversity_and_Pandemics_Executive_Summary_Digital_Version.pdf, Stand: 13.01.2021.

6 Mir scheint, Alexander Kluges und Oskar Negts Konzept des Eigensinns würde eine philosophische Aktualisierung für das Zeitalter der Klima- und Umweltkatastrophe verdienen. Vgl. Kluge, Alexander; Negt, Oskar: Geschichte und Eigensinn, Frankfurt a. M. 1981.

Teil 1

7 Levenstein, Adolf: Die Arbeiterfrage: mit besonderer Berücksichtigung der sozialpsychologischen Seite des modernen Großbetriebes und der psycho-physischen Einwirkungen auf die Arbeiter, München 1912.

8 Levenstein: Arbeiterfrage, S. 357-382.

9 Schmoll, Friedemann: Erinnerung an die Natur. Die Geschichte des Naturschutzes im deutschen Kaiserreich, Frankfurt 2004.

10 Wie nämlich Robert Sayre und Michael Löwy gezeigt haben, kann auch der Romantizismus emanzipatorische Energien entfesseln. Siehe Löwy, Michael; Sayre, Robert: Révolte et mélancolie. Le romantisme à contre-courant de la modernité, Paris 2005.

11 Fraser, Nancy: Climates of Capital: For a Trans-Environmental Eco-Socialism, in: New Left Review 127, 2021, S. 94–127.

12 Vgl. das Konzept der planetarischen Grenzen des *Stockholm Resilience Center* (https://www.stockholmresilience.org/research/planetary-boundaries/planetary-boundaries/about-the-research/the-nine-planetary-boundaries.html) sowie Angus, Ian: Im Angesicht des Anthropozäns. Klima und Gesellschaft in der Krise, München 2020.

13 Probst, Milo; Skelton, Florian: Ein Plan allein reicht noch nicht, in: Analyse und Kritik 667, Januar 2021, online:

https://www.akweb.de/bewegung/ein-plan-allein-reicht-noch-nicht/, Stand: 11. April 2021.

14 Jacoby, Karl: Class and Environmental History: Lessons from »The War in the Adirondacks«, in: Environmental History 2 (3), 1997, S. 324–342; Servant, Jean-Christophe: Naturschutz mit Sturmgewehr, in: Le Monde Diplomatique, 13.02.2020.

15 Chédikian, Elodie et al.: The Climate of Roundabouts. The Gilets Jaunes and Environmentalism, in: South Atlantic Quarterly 119 (4), 2020, S. 877–887.

16 Harvey, Fiona: World's richest 1% cause double CO_2 emissions of poorest 50%, says Oxfam, in: The Guardian, 21.09.20, online: https://www.theguardian.com/environment/2020/sep/21/worlds-richest-1-cause-double-co2-emissions-of-poorest-50-says-oxfam, Stand: 14.01.2021.

17 Lynch, Michael J. et al.: Measuring the Ecological Impact of the Wealthy: Excessive Consumption, Ecological Disorganization, Green Crime, and Justice, in: Social Currents 6, 2019, S. 1–19, hier S. 7.

18 Crowley, Kevin; Rathi, Akshat: Exxon's Plan for Surging Carbon Emissions Revealed in Leaked Documents, in: Bloomberg, 5.10.2020, online: https://www.bloomberg.com/news/articles/2020-10-05/exxon-carbon-emissions-and-climate-leaked-plans-reveal-rising-co2-output, Stand: 13.01.2021.

19 Marx, Karl: Briefe aus den »Deutsch-Französischen Jahrbüchern«, in: Marx, Karl; Engels, Friedrich: Marx Engels Werke, Bd. 1, Berlin 2006[16], S. 345.

20 Eigene Berechnung auf der Grundlage von https://ourworldindata.org/co2-and-other-greenhouse-gas-emissions, Stand: 2.3.2021.

21 Miller, Todd: Storming the Wall. Climate Change, Migration, and Homeland Security, San Francisco 2017.

22 Chakrabarty, Dipesh: The Politics of Climate Change Is More Than the Politics of Capitalism, in: Theory, Culture & Society 34 (2–3), 2017, S. 31.

23 UNEP: Emission Gap Report 2020, 2020, https://www.unep.org/emissions-gap-report-2020, Stand: 13.01.21.

24 UNEP.: Emissions Gap Report 2019. Executive Summary, 2019, S. 3, http://www.unenvironment.org/resources/emissions-gap-report-2019, Stand: 29.04.2020.

25 Tong, Dan et al.: Committed emissions from existing energy infrastructure jeopardize 1.5 °C climate target, in: Nature 572 (7769), 2019, S. 373–377. Energieinfrastrukturen meinen hier Infrastrukturen zur Generierung von Elektrizität und zur Aufbereitung von Brennstoffen sowie Infrastrukturen im Industrie-, Transport- und Handelssektor.

26 Malm, Andreas: Wie man eine Pipeline in die Luft jagt. Kämpfen lernen in einer Welt in Flammen, Berlin 2020, S. 98.

27 Zeller, Christian: Revolution für das Klima. Warum wir eine ökosozialistische Alternative brauchen, München 2020, S. 10.

28 IPBES, The Global Assessment Report on Biodiversity and Ecosystem Services. Summary for Policymakers, 2019, S. 14.

29 Zeller: Revolution, S. 19f.

30 Benjamin, Walter: Einbahnstraße / Berliner Kindheit um Neunzehnhundert, Frankfurt a. M. 2011[4], S. 19–26.

31 Ebd., S. 20.

32 Burkett, Paul: Marx and Nature. A Red and Green Perspective, Chicago 2014, S. 192.

33 Klein, Naomi: There's Nothing Natural About Puerto Rico's Disaster, in: The Intercept, 21.09.2018, online: https://theintercept.com/2018/09/21/puerto-rico-hurricane-maria-disaster-capitalis, Stand: 11.11.2020.

34 Löwy, Michael: Ökosozialismus. Die radikale Alternative zur ökologischen und kapitalistischen Katastrophe, Hamburg 2016, Kapitel 4.

35 Zeller: Revolution, S. 10.

36 Marx, Karl: Die Deutsche Ideologie, in: Marx, Karl; Engels, Friedrich: Marx Engels Werke, Bd. 3, Berlin 1990[9], S. 21.

37 Federici, Silvia: Caliban und die Hexe. Frauen, der Körper und die ursprüngliche Akkumulation, Wien 2017.

38 Vgl. z.B. Merchant, Carolyn: Der Tod der Natur. Ökologie, Frauen und neuzeitliche Naturwissenschaft, München 1987; Mies, Maria: Patriarchat und Kapital, München 2015.

39 Fraser, Nancy: Behind Marx's Hidden Abode. For an Expanded Conception of Capitalism, in: New Left Review 86, 2014, S. 55–72.

40 Moore, Jason W.: Kapitalismus im Lebensnetz. Ökologie und Akkumulation des Kapitals, Berlin 2019.

41 Für eine gute Zusammenfassung von Moores Theorie vgl. Zelik, Raul: Wir Untoten des Kapitals. Über politische Monster und einen grünen Sozialismus, Frankfurt a. M. 2020, S. 187–191.

42 Marx, Karl: Das Kapital. Kritik der politischen Ökonomie, Bd. 1, Berlin 2008[11], S. 247.

43 Ebd., S. 529f.

44 Ebd., S. 396.

45 Marx, Karl: Das Elend der Philosophie. Antwort auf Proudhons »Philosophie des Elends«, in: Marx, Karl; Engels, Friedrich: Marx Engels Werke, Bd. 4, Berlin (Ost) 1972, S. 155.

46 Malm, Andreas: Fossil Capital. The Rise of Steam Power and the Roots of Global Warming, London 2016.

47 Malm, Andreas: The Progress of This Storm. On the Dialectics of Society and Nature in a Warming World, London 2018, S. 201.

48 Engels, Friedrich: Dialektik der Natur, in: Marx, Karl; Engels, Friedrich: Marx Engels Werke, Bd. 20, Berlin 1962, S. 453.

49 Bloch, Ernst: Das Prinzip Hoffnung, Bd. 2, Frankfurt a. M. 1980[7], S. 779.

50 Von Redecker, Eva: Revolution für das Leben. Philosophie der neuen Protestformen, Frankfurt a. M. 2020, S. 146.

51 Levenstein: Arbeiterfrage, S. 5.

52 Marx, Karl: Zur Kritik der Hegelschen Rechtsphilosophie. Einleitung, in: Ders.; Engels, Friedrich: Marx Engels Werke, Bd. 1, Berlin 2006[16], S. 390.

53 Kern, Bruno: Das Märchen vom grünen Wachstum. Plädoyer für eine solidarische und nachhaltige Gesellschaft, Zürich 2019, S. 200.

54 Zeller: Revolution, S. 57.

55 Probst, Milo: Für einen Klimaschutz der 99%, in: Wochenzeitung, 27.02.2020.

56 Gago, Verónica: Für eine feministische Internationale. Wie wir alles verändern, München 2021.

57 Ferguson, Susan: Intersectionality and Social-Reproduction Feminisms: Toward an Integrative Ontology, in: Historical Materialism 24 (2), 2016, S. 38–60; Von Redecker: Revolution, S. 83.

58 Di Chiro, Giovanna: Living Environmentalism: Coalition Politics, Social Reproduction, and Environmental Justice, in: Environmental Politics 17 (2), 2008, S. 276–298.

59 Auch Judith Butler hat diesen Aspekt in einer Lektüre von Marx' Frühwerk stark gemacht. Vgl. Butler, Judith: Rücksichtslose Kritik. Körper, Rede, Aufstand, Konstanz 2019, S. 69.

60 Die Feministin Nancy Fraser sieht in diesen »nicht-ökonomischen Idealen« Ressourcen der Kritik. Vor allem in Krisenzeiten können die Subalternen diese Ideale gegen die kapitalistische Vernunft stark machen. Fraser, Nancy: Behind Marx's Hidden Abode. For an Expanded Conception of Capitalism, in: New Left Review (86), 2014, S. 55–72.

61 Schild, Verónica: Feminisms, the Environment and Capitalism: On the Necessary Ecological Dimension of a Critical Latin American Feminism, in: Journal of International Women's Studies 20 (6), 2019, S. 23–43; Oksala, Johanna: Feminism, Capitalism, and Ecology, in: Hypatia 33 (2), 2018, S. 216–234.

62 Die Arbeiten von Harry Cleaver sind diesbezüglich wichtig. Vgl. z.B. Cleaver, Harry: Der Kampf gegen die Arbeit und der Bruch mit der Dialektik des Kapitals, Berlin 2019.

63 Anguelovski, Isabelle; Martínez Alier, Joan: The ›Environmentalism of the Poor‹ revisited: Territory and place in disconnected glocal struggles, in: Ecological Economics 102, 2014, S. 167–176.

64 Ouassak, Fatima: Quartiers populaires, conscientisation écologique et libération, in: Apres-demain 53 (1), 2020, S. 27–28.

65 Gago: Internationale.

66 Malm: Pipeline, S. 53–74.

67 Latour, Bruno: An Attempt at a »Compositionist Manifesto«, in: New Literary History 41 (3), 2010, S. 486.

68 Latour, Bruno: Das terrestrische Manifest, Frankfurt a. M. 2018, S. 63.

69 Probst, Milo: Nichts ist verloren zu geben. Für eine symmetrische und ausgangsoffene Geschichte gesellschaftlicher Naturverhältnisse, in: Historische Anthropologie 28 (1), 2020, S. 78–94.

70 Zelik: Untoten, S. 39–61.

71 Marcos, Subcomandante: Botschaften aus dem lakandonischen Urwald, Hamburg 2005, S. 66.

72 Zeller: Revolution, S. 45.

73 Ebd., S. 46.

74 Benjamin, Walter: Über den Begriff der Geschichte, in: Ders., Gesammelte Schriften, Bd. 1, hrsg. von Hermann Schweppenhäuser und Rolf Tiedemann, Frankfurt a. M. 1991, 691–704, 699.

75 Auch wenn bei Marx viele Passagen zu finden sind, in denen er mit Begeisterung von der technologischen Naturbeherrschung spricht. Vgl. Malm, Andreas: For a Fallible and Lovable Marx: Some Thoughts on the Latest Book by Foster and Burkett, in: Critical Historical Studies 4 (2), 2017, S. 267–275; Malm, Andreas: Marx on Steam: From the Optimism of Progress to the Pessimism of Power, in: Rethinking Marxism 30 (2), 2018, S. 166–185.

76 Freymond, Jacques (Hg.): La Première Internationale. Receuil de documents, Bd. 1, Genf 1962, S. 405.

77 Löwy, Michael; Besancenot, Olivier: Revolutionäre Annäherung. Unsere roten und schwarzen Sterne, Berlin 2016, S. 10.

78 Lynd, Staughton; Grubačić, Andrej: Wobblies & Zapatistas. Conversations on Anarchism, Marxism and Radical History, Oakland, CA 2008.

79 Mariátegui, José Carlos: Heterodoxia de la tradición, in: Mundial, 25.11.1927, online: https://www.marxists.org/espanol/mariateg/oc/peruanicemos_al_peru/paginas/hetero.htm#*a, Stand: 5.1.2021.

80 Bensaïd, Daniel: Résistances. Essai de taupologie generale, Paris 2001, S. 24.

Kapitel 1

81 Jonas, Hans: Das Prinzip Verantwortung. Versuch einer Ethik für die technologische Zivilisation, Frankfurt a. M. 2000[14].

82 Latour, Bruno: Kampf um Gaia. Acht Vorträge über das neue Klimaregime, Berlin 2017; Hamilton, Clive: Defiant Earth. The Fate of Humans in the Anthropocene, Cambridge 2017.

83 Adamczak, Bini: Beziehungsweise Revolution: 1917, 1968 und kommende, Berlin 2017, S. 96.

84 Löwy: Ökosozialismus, 2016, S. 98.

85 Vgl. Bookchin, Murray: The Philosophy of Social Ecology, Montréal 1996, S. 179.

86 Quiroule, Pierre: Briefe an Max Nettlau, Buenos Aires 1922–1925, IISH, Nettlau Papers, Signatur: ARCH01001_988.

87 Reclus, Elisée: La Grande Famille, in: Le Magazine International, 1897, S. 9.

88 Ebd., S. 11.

89 Pelletier, Philippe: L'anarchisme et l'animal, in: Pour 231 (3), 2016, S. 89–99.

90 Michel, Louise: Memoiren, Münster 1977, S. 88.

91 Nettlau, Max: Briefe an Jacques Gross, CIRA, Fonds Jacques GROSS, Signatur: A_014_GRO_001_02.

92 Clippings concerning Animals, plants, minerals and their life, protection and devastation, natural beauty, conservation, humanitarianism etc. 1879–1927, IISH, Nettlau Papers, Signatur: ARCH01001.3868.

93 Quiroule, Pierre: Brief an Max Nettlau vom 20. Februar 1923, IISH, Nettlau Papers, Signatur: ARCH01001_988

94 Audier, Serge: La société écologique et ses ennemis. Pour une histoire alternative de l'émancipation, Paris 2017, S. 676.

95 Adamczak: Revolution, S. 101.

96 Quiroule: Brief an Max Nettlau.

97 Amir, Fahim: Schwein und Zeit. Tiere, Politik, Revolte, Hamburg 2018, S. 31–56.

98 Zit. nach: Chardak, Henriette: Elisée Reclus. L'homme qui aimait la terre, Paris 1997, S. 493.

99 Svampa, Maristella: Cambio de época. Movimientos sociales y poder político, Buenos Aires 2012, S. 222.

100 Hora, Roy: Historia económica de la Argentina en el siglo XIX, Buenos Aires 2010, S. 175.

101 Für eine ausgezeichnete ins Englische übersetzte Monografie zum argentinischen Anarchismus vgl. Suriano, Juan: Paradoxes of Utopia. Anarchist Culture and Politics in Buenos Aires, 1890–1910, Oakland, CA 2010.

102 Laforcade, Geoffroy de: Federative Futures: Waterways, Resistance Societies, and the Subversion of Nationalism in the Early 20th Century Anarchism of the Río de la Plata Region, in: Estudios Interdisciplinarios de América Latina y el Caribe 22 (2), 2013, S. 71–96.

103 Fernández Cordero, Laura: Amor y anarquismo. Experiencias pioneras que pensaron y ejercieron la libertad sexual, México, D. F. 2017.

104 Quiroule, Pierre: Justicia Social. »Trabaje, el que quiera comer«, Buenos Aires 1919.

105 Petra, Adriana: ¿Sueñan los anarquistas con mansiones eléctricas? Ciencia y utopía en las ciudades ideales de Pierre Quiroule, in: González de Oleaga, Marisa; Bohoslavsky, Ernesto (Hg.): El hilo rojo. Palabras y prácticas de la utopía en América Latina, Buenos Aires 2009, S. 56.

106 Quiroule, Pierre: La ciudad anarquista americana. Obra de construcción revolucionaria, Buenos Aires 1914.

107 Fernández Cordero, Laura: Buenos Aires de la utopía, in: González de Oleaga, Marisa; Bohoslavsky, Ernesto (Hg.): El hilo rojo. Palabras y prácticas de la utopía en América Latina, Buenos Aires 2009, S. 33–46.

108 Bookchin, Murray: The Ecology of Freedom. The Emergence and Dissolution of Hierarchy, Montréal 1991, S. 227.

109 Quiroule: Brief an Max Nettlau.

110 Bensaïd, Daniel: Walter Benjamin. Links des Möglichen, Hamburg 2015, S. 25.

Kapitel 2

111 Salleh, Ariel: Für eine Demokratisierung der Klassentheorie, in: Zeitschrift-Luxemburg, Januar 2018, online: https://www.zeitschrift-luxemburg.de/demokratisierung-der-klassentheorie, Stand: 14.01.2021.

112 Lee, Andrew: The Red Flag of Anarchy. A History of Socialism & Anarchism in Sheffield 1874-1900, Sheffield 2017, S. 99.

113 Morris, William: Kunde von Nirgendwo, Hamburg 2016.

114 Zit. nach: Mosley, Stephen: The Chimney of the World. A History of Smoke Pollution in Victorian and Edwardian Manchester, Cambridge 2001, S. 185.

115 Schaupp, Simon: Jenseits der Austeritätsökologie: Einführung in eine Umweltpolitik von unten, in: Sozial.Geschichte Online 28, 2020, S. 43–68, hier S. 65, online: https://duepublico2.uni-due.de/receive/duepublico_mods_00073595, Stand: 5.01.2021.

116 Edward Carpenter: My Days and Dreams, London 1916, S. 127.

117 Rowbotham, Sheila: In Search of Carpenter, in: History Workshop 3, 1977, S. 121–133.

118 Carpenter, Edward: Civilisation, its cause and cure, and other essays, London 1914[13], S. 28.

119 Ebd., S. 38f.

120 Zit. nach: Rowbotham: Search, S. 127.

121 Ebd.

122 Carpenter: Days, S. 136.

123 Ebd.

124 Jarrige, François; Le Roux, Thomas: La contamination du monde. Une histoire des pollutions à l'âge industriel, Paris 2017, S. 116.

125 Mosley, Stephen: Public Perceptions of Smoke Pollution in Victorian Manchester, in: Dupuis, Melanie E. (Hg.): Smoke and Mirrors. The Politics and Culture of Air Pollution, 2004, S. 70.

126 Zit. nach: Malm: Capital, S. 239f.

127 Zit. nach: Ebd., S. 242.

128 Ebd., Kapitel 10.

129 Jarrige, François: Technocritiques. Du refus des machines à la contestation des technosciences, Paris 2016.

130 Mosley: Perceptions, S. 60.

131 Radkau, Joachim: Natur und Macht. Eine Weltgeschichte der Umwelt, München 2000[2], S. 279.

132 Huber, Matthew T.: Hidden Abodes: Industrializing Political Ecology, in: Annals of the American Association of Geographers 107 (1), 2017, S. 151–166.

Kapitel 3

133 Lenton, Timothy M. et al.: Climate tipping points – too risky to bet against, in: Nature 575 (7784), 2019, S. 592–595.

134 Milman, Oliver: ›Invisible killer‹: fossil fuels caused 8.7m deaths globally in 2018, research finds, in: The Guardian, 9.2.21, online: https://www.theguardian.com/environment/2021/feb/09/fossil-fuels-pollution-deaths-research?CMP=Share_AndroidApp_Other, Stand: 22.2.21.

135 Marx, Kapital, S. 280f.

136 Das 1873 gegründete Konsortium existiert bis heute. Auch heute noch kritisieren viele Umweltverbände die Aktivitäten von Rio Tinto.

137 Reclus, Elisée: Nouvelle géographie universelle. La terre et les hommes, Bd. 1, Paris 1876, S. 744–45.

138 Chastagnaret, Gérard: De fumées et de sang. Pollution minière et massacre de masse: Andalousie, XIXe siècle, Madrid 2017, S. 60.

139 Ebd., S. 86.

140 Ebd., S. 49f.

141 Ebd., S. 331.

142 Ebd., S. xxiii.

143 Martínez Alier, Joan: L'Ecologisme des pauvres. Une étude des conflits environnementaux dans le monde, Paris 2014.

144 Chastagnaret: Fumées, S. 48.

145 Jarrige, Francois; Le Roux, Thomas: La Contamination du monde. Une histoire des pollutions à l'âge industriel, Paris 2017, Kapitel 6.

146 Jarrige; Le Roux: Contamination, S. 185.

147 Chastagnaret: Fumées, S. 92.

148 Ebd., S. 167f.

149 Ebd., S. 171f.

150 Ebd., S. 186.

151 Ebd., S. xvii.

152 Ebd., S. 249.

153 Ebd., S. 315.

154 Fressoz, Jean-Baptiste: L'apocalypse joyeuse. Une histoire du risque technologique, Paris 2012.

155 O. A.: Los humos de Huelva, in: El Productor, 10.2.1888, S. 1.

156 O. A.: Espagne, in: La Révolte, 11.02.1888, S. 3.

157 Duran, Rafael C.: Ante la huelga de Riotinto, in: Solidaridad Obrera, 06.11.1913, S. 1.

Kapitel 4

158 Hayes, Chris: The New Abolitionism, in: The Nation, 22.04.2014; Klein, Naomi: This Changes Everything: Capitalism vs. the Climate, London 2015, S. 455.

159 Der Begriff *racial capitalism* wurde vom Cedric Robinson, jahrzehntelang Professor für Black Studies und Politikwissenschaft in Kalifornien, geprägt. Vgl. Kelley, Robin D. G.: What Did Cedric Robinson Mean by Racial Capitalism?, in: Boston Review, 12.01.2017.

160 Hayes: Abolitionism.

161 Carbon Tracker: Unburnable Carbon 2013: Wasted capital and stranded assets, 2013, online: https://carbontracker.org/reports/unburnable-carbon-wasted-capital-and-stranded-assets, Stand: 14.01.2021.

162 Die Zahl der aktuell versklavten Menschen wird je nach Studie auf rund 20 bis 45 Millionen geschätzt. »In absoluten Zahlen ist das die größte Menge an Versklavten in der Weltgeschichte«, schreibt Michael Zeuske. Zeuske, Michael: Sklaverei: Eine Menschheitsgeschichte von der Steinzeit bis heute, Ditzingen 2018, S. 14.

163 Taylor, Keeanga-Yamahtta: Von #BlackLivesMatter zu Black Liberation, Münster 2017.

164 NAACP & CATF: Fumes Across the Fence-Line. Health Impacts of Air Pollution from Oil & Gas on African American Communities, 2017, online: www.naacp.org/climate-justice-resources/fumes-across-the-fence-line, Stand: 5.1.2021

165 Gilmore, Ruth: Fatal Couplings of Power and Difference: Notes on Racism and Geography, in: The Professional Geographer 54 (1), 2012, S. 15–24.

166 González Pacheco, Rodolfo: Carteles, Bd. 1, Buenos Aires 1956, S. 23.

167 Arana, Emilio Z.: La esclavitud: Antigua y la Moderna. Conferencia dada en el Rosario de Santa Fé el día 17 de Abril de 1898, Rosario 1898, S. 9.

168 Ebd., S. 31.

169 Quiroule, Pierre: Un espartaco negro. (La tragedia de la »teach«). Novela histórica, Buenos Aires 1923, S. 1.

170 Ebd., S. 8.

171 Ebd., S. 9.

172 Die nachfolgenden Informationen zum Aufstand und seinen Hintergründen sind dem ausgezeichneten Buch von Marcus Rediker entnommen. Vgl. Rediker, Marcus: The Amistad Rebellion. An Atlantic Odyssey of Slavery and Freedom, London 2013.

173 Heynen, Nik: Toward an Abolition Ecology, in: Abolition: A Journal of Insurgent Politics (1), 2018, S. 240–247.

174 Quiroule: Espartaco, S. 15.

175 Ferdinand, Malcom: Une écologie décoloniale, Paris 2019, S. 96f.

176 Merchant, Carolyn: Shades of Darkness: Race and Environmental History, in: Environmental History 8 (3), 2003, S. 380.

177 Moore: Kapitalismus.

178 Locke, John: Zweite Abhandlung über die Regierung, Frankfurt a. M. 2007, S. 41f.

179 Blackburn, Robin: The American Crucible. Slavery, Emancipation and Human Rights, London 2011, S. 67.

180 Moore, Jason W.: ›Amsterdam is Standing on Norway‹ Part I: The Alchemy of Capital, Empire and Nature in the Diaspora of Silver, 1545–1648, in: Journal of Agrarian Change 10 (1), 2010, S. 33–68; Moore, Jason W.: ›Amsterdam is Standing on Norway‹ Part II: The Global North Atlantic in the Ecological Revolution of the Long Seventeenth Century, in: Journal of Agrarian Change 10 (2), 2010, S. 188–227.

181 Moore, Jason W.: Madeira, Sugar, and the Conquest of Nature in the »First« Sixteenth Century: Part I: From »Island of Timber« to Sugar Revolution, 1420–1506, in: Review (Fernand Braudel Center) 32 (4), 2009, S. 345–390.

182 Moore, Jason W.: The Capitalocene, Part I: On the Nature and Origins of Our Ecological Crisis, in: The Journal of Peasant Studies 44 (3), S. 594–630, hier S. 616.

183 Ferdinand: Ecologie, S. 105.

184 Jarrige, François; Vrignon, Alexis: Face à la puissance, Paris 2020, S. 31.

185 Moore: Capitalocene, Part I, S. 609.

186 Galeano, Eduardo: Die offenen Adern Lateinamerikas. Die Geschichte eines Kontinents von der Entdeckung bis zur Gegenwart, Wuppertal 1977[4], S. 75f.

187 Moore: Capitalocene, Part I, S. 619.

188 Miller, Shawn: An Environmental History of Latin America, New York 2007, S. 85.

189 Zit. nach: Malm, Andreas: In Wildness Is the Liberation of the World: On Maroon Ecology and Partisan Nature, in: Historical Materialism 26 (3), 2018, S. 12.

190 Grove, Richard: Green imperialism. Colonial Expansion, Tropical Island Edens and the Origins of Environmentalism, 1600–1860, Cambridge 1995.

191 Ferdinand: Ecologie, S. 196f.

192 Merchant: Shades, S. 385.

193 Guha, Ramachandra: Radical American Environmentalism and Wilderness Preservation. A Third World Critique, in: Environmental Ethics 11 (1), 1989, S. 71–83.

194 Merchant: Shades, S. 380.

195 Das englische Wort »maroon« sowie der französische Begriff »marron« sind beide vom spanischen Wort »cimarrón« abgeleitet. Damit wurde zuerst das Vieh bezeichnet, das in die Berge (»cima« heißt Berggipfel) ausgerissen ist. Danach wurde der Begriff auf entflohene Sklaven übertragen. Vgl. https://www.collinsdictionary.com/dictionary/english/maroon, Stand: 12.12.2020.

196 Ebd., S. 247.

197 Glave, Dianne D.: Rooted in the Earth. Reclaiming the African American Environmental Heritage, Chicago 2010, S. 63.

198 Ferdinand: Ecologie, S. 258.

199 Fals Borda, Orlando: Socialismo raizal y la Gran Colombia bolivariana. Investigación Acción Participativa, Caracas 2008, S. 29.

200 Milanez, Felipe et al.: Nego Fugido y la rebelión esclava en el Antropoceno, in: Ecología Política 53, 2017, S. 72–75.

201 Malm, Andreas: Corona, Climate, Chronic Emergency, London 2020, S. 48. In dt. Übersetzung: Malm, Andreas: Klima|x, Berlin 2020.

202 Montrie, Chad: Making a Living. Work and Environment in the United States, Chapel Hill 2008, Kapitel 2.

203 Carpentier, Alejo: Das Reich von dieser Welt, Frankfurt a. M. 2004, S. 15.

204 Marx, Karl: Ökonomisch-philosophische Manuskripte aus dem Jahre 1844, in: Marx, Karl; Engels, Friedrich: Marx Engels Werke, Bd. 40, Berlin 1968, S. 541.

205 Carpentier: Reich, S. 25.

206 Federici, Silvia: Jenseits unserer Haut. Körper als umkämpfter Ort im Kapitalismus, Münster 2020, S. 123.

207 Roediger, David R.: Seizing Freedom. Slave Emancipation and Liberty for All, London 2015.

208 Hahn, Steven: Hunting, Fishing, and Foraging: Common Rights and Class Relations in the Postbellum South, in: Radical History Review (26), 1982, S. 37–64.

209 Hartman, Saidiya: The Belly of the World: A Note on Black Women's Labors, in: Souls 8 (1), 2016, S. 166–173, hier S. 171.

Kapitel 5

210 Gago, Verónica: 8 Thesen zur feministischen Revolution. Impulse aus Argentinien, wo alles begann, Berlin 2020.

211 Winker, Gabriele: Care Revolution. Schritte in eine solidarische Gesellschaft, Bielefeld 2015, S. 138.

212 Federici, Silvia: Diálogos entre el feminismo y la ecología desde una perspectiva centrada en la reproducción de la vida. Entrevista a Silvia Federici, in: Ecología Política, 19.01.2018, online: https://www.ecologiapolitica.info/?p=10267, Stand: 16.07.2020.

213 Winker: Revolution, S. 143.

214 Michel: Memoiren, S. 330.

215 Ebd., S. 326, 332, 328. 331.

216 Ebd., S. 322, 333.

217 Zit. nach: Lenoir, Hugues: Educateurs libertaires et socialistes. Convergence des pédagogies libertaires avec les courants de l'éducationnisme socialiste, Lyon 2020, S. 92.

218 Diese biografischen Angaben sind dem *Dictionnaire biographique du mouvement ouvrier français* entnommen. Des Französischen mächtigen Lesenden ist das Herumstöbern in dieser online zugänglichen Fundgrube sehr zu empfehlen. Vgl. https://maitron.fr.

219 Bantigny, Ludivine: La Commune au present. Une correspondence par-delà le temps, Paris 2021, S. 108.

220 Rougerie, Jacques: La Commune de 1871, Paris 2016[6], S. 65.

221 Zit. nach: Lenoir, Educateurs, S. 93.

222 Zancarini-Fournel, Michelle: Les luttes et les rêves. Une histoire populaire de la France de 1685 à nos jours, Paris 2016, S. 375.

223 Zit. nach: ebd.

224 Im deutschsprachigen Raum wird Kanake auch als rassistisches Schimpfwort verwendet. Diese Bezeichnung für die Indigenen Melanesiens hat tatsächlich einen kolonialen und rassistischen Ursprung, wurde jedoch ab den 1970er Jahren von den Indigenen Neukaledoniens als Selbstbezeichnung angeeignet. Vgl. https://fr.wikipedia.org/wiki/Kanak, Stand: 5.1.2021.

225 Merle, Isabelle: Algérien en Nouvelle-Calédonie. Le destin calédonien du déporté Ahmed Ben Mezrag Ben Mokrani, in: L'Année du Maghreb 20, 2019, S. 263–281.

226 Zancarini-Fournel: Luttes, S. 449–451.

227 Michel, Louise: Légendes et chansons de gestes canaques (1875). Suivi de Légendes et chants de gestes canaques (1885) et de Civilisation, Lyon 2006, S. 62, 63.

228 Michel: Memoiren, S. 253.

229 Rimbaud, Arthur: Une saison en enfer. in: Ders: Une saison en enfer. Illuminations et autres textes (1873–1875), Paris 1998, S. 52.

230 Michel: Légendes, S. 55f.

231 Michel, Louise: Encyclopédie enfantine, 1879, IISH, Louise Michel Papers, Signatur: ARCH02550_568.

232 Bantman, Constance: Louise Michel's London years: A political reassessment (1890–1905), in: Women's History Review 26 (6), 2017, S. 994–1012.

233 Zit. nach: ebd., S. 1003.

234 Heimberg, Charles: L'expérience de l'école Ferrer: déboires pratiques et modernité pédagogique, in: Cahiers d'histoire du mouvement ouvrier 16, 2000, S. 27–42.

235 Goldman, Emma: Francisco Ferrer and the Modern School, in: Anarchism and Other Essays, New York 1911, S. 151–172.

236 Adamczak: Revolution, S. 168.

237 Marso, Lori Jo: A Feminist Search for Love. Emma Goldman on the Politics of Marriage, Love, Sexuality, and the Feminine, in: Weiss, Penny A.; Kensinger, Loretta (Hg.): Feminist Interpretations of Emma Goldman, University Park, PA 2007, S. 72–89.

238 Wintsch, Jean: L'Ecole Ferrer. Un essai d'institution ouvrière. Notice, Genf 1919, S. 5.

239 Wintsch, Jean: Mirs, artels, groupes et syndicats, in: Le Réveil socialiste-anarchiste, 15.05.1913, S. 3–4.

240 Wintsch: L'Ecole Ferrer, S. 34.

241 Zit. nach: Lenoir, Educateurs, S. 84.

242 Lamotte, Emilie: L'éducation rationnelle de l'enfance, 1922, S. 11.

243 Wintsch, Jean: »L'Education intégrale à Cempuis«, in: Le Réveil socialiste-anarchiste, 31.01.1903.

244 Pratelle, Aristide: Der Anschauungsunterricht, in: Ferrer y Guardia, Francisco: Die moderne Schule. Nachgelassene Erklärungen und Betrachtungen über die rationalistische Lehrmethode, Berlin 1923, S. 111f.

245 Goldman: Francisco Ferrer.

246 Goldman, E.; Baginski, M.: Mother Earth, in: Mother Earth 1 (1), 03.1906, S. 1–4.

247 Adamczak: Revolution.

248 Ebd., S. 272.

249 Arni, Caroline: Mutterschaft: Eine Frage der politischen Ökonomie, in: Widerspruch 74, 2020, S. 54.

Kapitel 6

250 Klein, Naomi: Die Entscheidung: Kapitalismus vs. Klima, Frankfurt am Main 2016[3], Einleitung.

251 Zeller: Revolution, S. 179.

252 Caffentzis, George; Federici, Silvia: Commons Against and Beyond Capitalism, in: Community Development Journal 49 (Suppl. 1), 2014, S. i92–i105.

253 Müller, Eduard: Bericht des eidgenössischen General-Anwaltes über die anarchistischen Umtriebe in der Schweiz, in: Bundesblatt 37, 1885, S. 538–721.

254 Freymond, Jacques (Hg.): La Première Internationale. Receuil de documents, Bd. 4, Genf 1971, S. 275.

255 Ebd., S. 277.

256 Ford, Caroline C.: Natural Interests. The Contest Over Environment in Modern France, Cambridge, MA 2016, S. 46.

257 Keucheyan, Razmig: La lutte des classes dans la nature. Classe, race et environnement en perspective historique, in: Cahiers d'histoire. Revue d'histoire critique 130, 2016, S. 2–3.

258 Fleming, James Rodger: Historical perspectives on climate change, New York 1998, Kapitel 2.

259 Zit. nach: Keucheyan: Lutte, S. 3.

260 Fourier, Charles: L'écosophie de Charles Fourier, deux textes inédits, Paris 2002.

261 Ford: Interests, S. 65.

262 Freymond: Internationale, Bd. 1, S. 405f.

263 Grave, Jean: La société future, Paris 1898, S. 51–52.

264 Vuilleumier, Marc: Les exilés communards en Suisse, in: Le Mouvement social 99, 1977, S. 47–51.

265 Tombs, Robert: Paris, bivouac des révolutions. La Commune de 1871, Paris 2014, S. 215.

266 Zancarini-Fournel: Luttes, S. 358f.

267 Marx, Karl: Der Bürgerkrieg in Frankreich. Adresse des Generalrats der Internationalen Arbeiterassoziation, in: Marx, Karl; Engels, Friedrich: Marx-Engels-Werke, Bd. 17, Berlin 1973, S. 347.

268 Ebd., S. 342.

269 Descaves, Lucien: Philémon, Vieux de la Vieille. Roman de la Commune, de l'exil et du retour, Paris 2019, S. 76.

270 Deluermoz, Quentin: Commune(s) 1870.1871. Une traversée des mondes au XIXe siècle, Paris 2020, S. 181f.

271 Marx, Karl: [Entwürfe einer Antwort auf den Brief von V. I. Sassulitsch], in: Marx, Karl; Engels, Friedrich: Marx Engels Werke, Bd. 19, Berlin 1987[9], S. 384–406.

272 Vuilleumier, Marc: Le socialisme libertaire en Suisse romande: Un texte inconnu d'Adhémar Schwitzguébel (1872), in: Cahiers Vilfredo Pareto 7 (18), 1969, S. 171.

273 Ebd., S. 174.

274 Tomba, Massimiliano: Insurgent Universality. An Alternative Legacy of Modernity, New York 2019.

275 Lefrançais, Gustave: L'anarchie et le communalisme. Il y a cent ans, in: Les Temps Nouveaux, 20.02.1897, S. 1–2.

276 Von Redecker: Revolution, S. 136.

Kapitel 7

277 Coulthard, Glen Sean: Rote Haut, weiße Masken. Gegen die koloniale Politik der Anerkennung, München 2020, S. 28.

278 Estes, Nick: Our History Is the Future. Standing Rock Versus the Dakota Access Pipeline, and the Long Tradition of Indigenous Resistance, London 2019, S. 257.

279 Ebd.

280 Danowski, Déborah; Viveiros de Castro, Eduardo: The Ends of the World, Malden, MA 2016.

281 Graeber, David: Frei von Herrschaft. Fragmente einer anarchistischen Anthropologie, Wuppertal 2008.

282 Baschet, Jerôme: Adieux au Capitalisme. Autonomie, société du bien vivre et multiplicité des mondes, Paris 2014, S. 133.

283 Serge, Victor: Geburt unserer Macht (übersetzt von P.P. Zahl), München 1976, S 7.

284 Tobler, Hans Werner: Die mexikanische Revolution, Frankfurt a. M. 1984, S. III.

285 Marx: Bürgerkrieg, S. 342.

286 Adamczak: Revolution, S. 102.

287 Tobler: Revolution, S. 86.

288 Gilly, Adolfo: The Mexican Revolution, New York 2006, S. 43.

289 Tobler: Revolution, S. 143.

290 Ebd., S. 145.

291 Gilly: Revolution, S. 254.

292 Tobler: Revolution, S. 185ff.

293 Zit. nach: Gilly: Revolution, S. 247.

294 Ebd., S. 234f.

295 Santiago, Myrna I.: The Ecology of Oil. Environment, Labor, and the Mexican Revolution, 1900–1938, Cambridge 2006, S. 261.

296 Santiago: Ecology, insb. Kapitel 6. 2014 wurde unter Präsident Peña Nieto das staatliche Monopol im Energiesektor beendet und der staatliche Erdölkonzern Pemex auch für private Investoren geöffnet.

297 Zit. nach: Gilly: Revolution, S. 283.

298 Bosteels, Bruno: The Mexican Commune, in: Brincat, Shannon (Hg.): Communism in the 21st Century, Bd. 2, Santa Barbara 2014, S. 161–189.

299 Deluermoz: Commune(s), S. 94–97.

300 Taibo, Carlos: Anarquistas de ultramar. Anarquismo, indigenismo, descolonización, Madrid 2018, S. 100.

301 England, Shawn: Magonismo, the Revolution, and the Anarchist Appropriation of an Imagined Mexican Indigenous Identity, in: De Laforcade, Geoffroy; Shaffer, Kirwin (Hg.): In Defiance of Boundaries. Anarchism in Latin American History, Gainesville 2015, S. 243–260.

302 Zu Flores Magón vgl. Capelletti, Angel J.: Land und Freiheit – die Ideenwelt von Ricardo Flores Magón, in: Flores Magón, Ricardo: Tierra y Libertad. Ausgewählte Texte, München 2005. Oder: Abad de Santillán, Diego: Ricardo Flores Magón. El apóstol de la revolución, Buenos Aires 2011.

303 Krapotkin, Peter: Worte eines Rebellen (übers. Von Pierre Ramus), Wien-Klosterneuburg 1922, S. 81.

304 Flores Magón, Flores: El pueblo mexicano es apto para el comunismo, in: Regeneración, 02.09.1911.

305 England: Magonismo.

306 Anderson, Benedict: Preface, in: Hirsch, Steven; Van der Walt, Lucien (Hg.): Anarchism and Syndicalism In the Colonial and Postcolonial World, 1870–1940. The Praxis of National Liberation, Internationalism and Social Revolution, Leiden 2010, S. xiii–xxix.

307 A los Anarquistas, online: http://archivomagon.net/obras-completas/correspondencia-1899-1922/c-1913/cor352, Stand: 14.01.2021. Der Aufruf wurde der in London ansässigen Redaktion der anarchistischen Zeitschrift *Freedom* gesendet. Bedeutende Anarchist*innen wie Charlotte Wilson oder Peter Kropotkin prägten diese Zeitschrift.

308 Humblot, Jean: Le magonisme, in: Les Temps Nouveaux, 01.03.1913, S. 1–2.

309 Cavalazzi, A.: Mexique, in: Les Temps Nouveaux, 18.11.1911, S. 6–7.

310 Kropotkine, P.: Rectification, in: Les Temps Nouveaux, 27.04.1912, S. 1.

311 Gilimón, Eduardo: La intervención en Méjico. El espíritu racista, in: La Protesta, 29.04.1914, S. 1.

312 Zit. nach: Yankelevich, Pablo: Los Magnonistas en »La Protesta«. Lecturas Rioplatenses del anarquismo en México, 1906–1929, in: Estudios de historia moderna y contemporánea de México 19, 1999, S. 65.

313 Creaghe, Juan: Un manifiesto, in: Ideas y Figuras (75), 11.07.1912.

314 Zit. nach: Yankelevich: Magonistas, S. 62.

315 Streeby, Shelley: Labor, Memory, and the Boundaries of Print Culture: From Haymarket to the Mexican Revolution, in: American Literary History 19 (2), 2007, S. 406–433.

316 Rivera Cusicanqui, Silvia: Un mundo ch'ixi es posible. Ensayos desde un presente en crisis, Buenos Aires 2018, S. 17.

317 Der Begriff »Neozapatismus« ist eine Fremdzuschreibung. Die zapatistischen Gemeinschaften aus Chiapas bezeichnen sich selbst als »zapatistas«. Ich verwende hier die Fremdzuschreibung, um Verwirrungen zu vermeiden und klar zwischen dem Zapatismus des frühen 20. Jahrhunderts und den Selbstverwaltungsprojekten in Chiapas zu unterscheiden.

318 Gilly, Adolfo: Chiapas: la razón ardiente. Ensayo sobre la rebelión del mundo encantado, México, D. F. 2006.

319 Baschet, Jerôme: L'Etincelle zapatiste. Insurrection indienne et résistance planétaire, Paris 2002, S. 24–30.

320 Zibechi, Raúl: Descolonizar el pensamiento crítico y las prácticas emancipatorias, Montevideo 2019.

321 Gaudichaud, Franck: The conservative offensive and the return of class war in Latin America, in: No Borders News, 10.12.2019, online: https://nobordersnews.org/2019/12/10/franck-gaudichaud-the-conservative-offensive-and-the-return-of-class-war-in-latin-america, Stand: 30.06.2020. Vor allem aus ökologischer Sicht ist die Bilanz dieser »progressiven« Regierungen in Venezuela, Bolivien, Ecuador, Brasilien, Uruguay und Argentinien katastrophal. Wie zum Beispiel die Arbeiten des ehemaligen Ministers Ecuadors, Alberto Acosta, oder jene des venezolanischen Soziologen Edgardo Lander zeigen, haben diese Regierungen die Abhängigkeit vom Erdölexport und »Commodities« sogar verstärkt. Erneut waren und sind es vor allem rurale und indigene Gemeinschaften, welche sich diesem unter dem Vorwand des »Sozialismus des 21. Jahrhunderts« vorangetriebenen Raubbau an der Natur widersetzen.

322 EZLN: Das kritische Denken angesichts der kapitalistischen Hydra. Beiträge von EZLN-Aktivist*innen zu Theorie und Praxis der zapatistischen Bewegung, Münster 2016, S. 168.

Schlusswort

323 Reclus, Élisée: Histoire d'une montagne, Paris 1880, S. 1–8.

324 Michel, Louise: L'ère nouvelle, Paris 2013 [Erstausgabe 1887], S. 13f.

325 Besancenot, Olivier: Présentation, in: Reclus, Élisée: Evolution et Révolution, Paris 2008, S. 20.

326 Bookchin: Philosophy, S. 158, 165.

327 Von Redecker: Revolution, S. 120.

328 Nordhaus erhielt 2018 den Nobelpreis, weil er nach einer »Abwägung von Kosten und Nutzen« des Kampfes gegen den Klimawandel zum Schluss kam, dass die Begrenzung des Klimawandels auf 3℃ aus ökonomischer Sicht am sinnvollsten wäre.

329 Carson, Rachel: Der Stumme Frühling, München 1968 [engl. Erstausgabe 1962].

330 Thompson, Edward: Notes on Exterminism, the Last Stage of Civilization, in: New Left Review 121, 1980, S. 3–31, hier S. 31.

Namensregister